EL PODER DE LA DIVERSIDAD GENERACIONAL

Ana Matarranz y Enrique Arce

EL PODER DE LA DIVERSIDAD GENERACIONAL

MADRID | CIUDAD DE MÉXICO | BUENOS AIRES | BOGOTÁ
LONDRES | SHANGHÁI

LID EDITORIAL

A member of:
BPR
businesspublishersroundtable.com

Editorial Almuzara S.L.
Parque Logístico de Córdoba, Ctra. Palma del Río, Km 4, Oficina 3
14005 Córdoba
www.almuzaralibros.com
www.LIDeditorial.com

EAN-ISBN13: 978-84-10221-64-2
Directora editorial: Laura Madrigal
Editora de mesa: Paloma Albarracín
Corrección: Paloma Albarracín
Maquetación: www.produccioneditorial.com
Diseño de portada: Juan Ramón Batista
Impresión: Cofás, S.A.
Depósito legal: CO-969-2025

Impreso en España / Printed in Spain

Primera edición: mayo de 2025

Te escuchamos. Escríbenos con tus sugerencias, dudas, errores que veas o lo que tú quieras. Te contestaremos, seguro: *info@lidbusinessmedia.com*

A mis mayores, a quienes debo lo que soy.

A Andrea y Ainhoa, que me inspiran.

A Piti, que siempre me acompaña.

A Ana, la incansable y a la que nunca le faltan ideas.

Enrique Arce

A mi familia, mi hogar de valores y amor:
a mis padres y a mi hermano, raíces de todo lo que soy;
a mi marido, apoyo incansable en cada paso y en cada desafío;
y a mis hijas, que me impulsan a mirar más lejos
y a construir un futuro mejor.

A los amigos que suman alegría, impulso y
sentido a cada etapa del viaje.

A los compañeros de viaje y coautores que, en *El factor edad*
y ahora en *El poder de la diversidad generacional,*
han compartido sueños, aprendizajes y esperanza, dejando
una huella imborrable en este camino.

Y muy especialmente a Enrique Arce, alma entusiasta
de esta aventura y cómplice en cada nueva meta.

Gracias a todos por ser raíz y por ser vuelo.

Ana Matarranz

ÍNDICE

PARTE 3.
FORMACIÓN Y DESARROLLO

PARTE 4.
ENTORNOS SALUDABLES

Nota del editor

Un editor siempre ha de estar atento a las tendencias y cambios de la sociedad y, en lo posible, adelantarse a ellas. Una de esas dinámicas imparables viene determinada por el envejecimiento de la población, la escasez de jóvenes trabajadores, el retraso en la edad de jubilación y la necesidad de gestionar sabiamente la diversidad generacional en el seno de la empresa en tiempos de intensa transformación digital. Queríamos ahondar en la materia y, para ello, nadie mejor que dos autores muy queridos en nuestra casa, Ana Matarranz y Enrique Arce. Tras el éxito de su anterior libro *El factor edad. Cómo la convivencia intergeneracional puede mejorar las empresas y la sociedad*, que publicamos en 2024, los autores nos regalan una nueva obra, *El poder de la diversidad generacional*, que aporta una visión más práctica y aplicada a la empresa y a las personas que en ella trabajan. Muy bien articulada alrededor de los grandes temas centrales, recoge la sabiduría de varios expertos en áreas diversas, que nos muestran cómo conseguir gestionar la diversidad generacional y luchar contra el pernicioso edadismo.

Como editores, nos sentimos muy satisfechos con la aportación de los autores y expertos al complejo fenómeno del factor edad, fenómeno que nos marcará de manera muy vívida en el inminente futuro. Esta obra, además, ve la luz en el momento más oportuno y, sin duda alguna, supone una valiosa aportación al debate que, como sociedad española y europea, debemos mantener de manera profunda y sosegada, al tiempo que urgente. La historia no nos esperará en estos tiempos de inteligencia artificial y vendaval digital.

Excelente libro para actuar con inteligencia, enhorabuena por la tarea.

Manuel Pimentel Siles
Editor de AlmuzaraLibros

Introducción
La admiración mutua entre generaciones

El mundo que conocemos hoy no se construyó en soledad. Es, y sigue siendo, el resultado de una sinfonía de generaciones que colaboran, aprenden unas de otras, se desafían y dejan un legado de innovación, esfuerzo y humanidad. Este libro es un homenaje a esa colaboración, un puente entre edades, conocimientos y perspectivas que nos recuerda que juntos no solo llegamos más lejos, sino que creamos algo más profundo, sólido y significativo. Desde los inicios de la Revolución Industrial hasta las empresas más innovadoras de la actualidad, a través de movimientos sociales o situaciones cotidianas en familias y comunidades, la historia demuestra que el cambio sucede cuando nos admiramos, escuchamos y colaboramos.

En 1775, James Watt, escocés de 33 años, patentó la máquina de vapor. Pero no fue hasta seis años después cuando Matthew Boulton, un empresario de 47 años de Birmingham, le proporcionó apoyo financiero para comercializar la idea. Este hito marcó el comienzo de la Revolución Industrial y fue posible gracias a unas instituciones que protegían los derechos de propiedad y favorecían la economía y gracias a la visión de una persona cercana a los 50 años que advirtió el interés comercial de la idea de un joven audaz y persistente que innovó y cuestionó las formas tradicionales de hacer las cosas.

El ejemplo no es único. En 1977, Steve Jobs y Steve Wozniak, dos jóvenes californianos, aceptaron la experiencia en los negocios y un cheque de 250 000 dólares de Mike Markkula —trece años mayor que Jobs—, para estructurar el negocio y dar inicio al éxito de Apple. De nuevo, la experiencia y visión de un mentor fueron esenciales para que una idea innovadora se materializara y prosperara.

Un caso parecido es el de Mark Zuckerberg, fundador de Meta (anterior Facebook) en 2004 cuando tenía 20 años. Su mentor fue Donald Graham, experimentado CEO de The Washington Post Company de 66 años. Juntos, tendieron puentes entre generaciones y formas distintas de concebir los medios para dar forma a esta red social. No cabe duda de que los mentores con experiencia juegan un papel clave en el éxito de muchos negocios.

Los anteriores son ejemplos empresariales pero la colaboración intergeneracional no acaba en la empresa. Malala Yousafzai, una joven activista paquistaní, fue reconocida con solo 17 años con el Premio Nobel de la Paz en 2014 por lucha en pro de los derechos a la educación de mujeres y niñas en su país. Se convirtió en la persona más joven en recibir un premio nobel.

A pesar de que su activismo estuvo cerca de costarle la vida, fue apoyada en todo momento por su padre, Ziauddin Yousafzai, de 45 años, por aquel entonces director de una escuela femenina en Mingora, la principal ciudad de la región. Entre ambos crearon el Fondo Malala para mejorar la educación en el mundo. De ella es la frase: «Un niño, un profesor, un libro y una pluma pueden cambiar al mundo. La educación es la única solución». Compartir valores entre generaciones tiene un enorme poder de cambio. Malala sola no lo habría logrado. Su padre tampoco, sin ella.

Estos ejemplos muestran cómo la combinación de ideas frescas y experiencia consolidada puede dar lugar a innovaciones, movimientos sociales e impactos positivos tanto en empresas como en la sociedad. Si esta pauta de entendimiento se repitiera (y a lo largo de la historia ha tenido lugar muchas veces) y se facilitara, tendríamos la oportunidad de mejorar nuestras sociedades y hacer más competitivas nuestras empresas.

La convivencia entre generaciones no es un lujo; es una necesidad. Este libro no solo comparte casos y reflexiones, sino que es una invitación a la acción: a los jóvenes, para que valoren el tesoro de la experiencia; a los mayores, para que abracen las nuevas ideas y el ímpetu de las nuevas generaciones; y a todos nosotros, para que entendamos que las diferencias son una fortaleza, no un obstáculo.

Pero más allá de los casos y las estadísticas, este libro tiene un propósito claro: encender una chispa en ti. Queremos que, cuando lo leas, sientas el impulso de formar parte del cambio, de construir empresas y sociedades donde cada generación tenga un lugar en la mesa y un papel en la conversación. Porque si no aprovechamos la riqueza de las ideas jóvenes y el conocimiento acumulado, estaremos condenados a repetir errores y a perder oportunidades.

Parafraseando a Juan Luis Arsuaga: a la «fiesta del empleo» estamos todos invitados, jóvenes y mayores. En el segundo trimestre de 2024, España contaba con 6.9 millones de personas entre 55 y 64 años —cercanos a la jubilación—, frente a 5.2 millones entre 20 y 29 años —en el inicio de su vida profesional—. Si de ese total de población cercana a la jubilación, abandonan el mercado los 4.7 millones que están activos, perderemos invitados y con ello capital intelectual difícil de reemplazar por el desaprovechamiento del conocimiento tácito, el que no se queda en las bases de datos. Además, su salida provocará un menor consumo, menos recaudación impositiva, menos ahorro y emprendimiento y mayor gasto público en pensiones.

Por otro lado, si no damos entrada a los jóvenes, estaremos desaprovechando su enorme potencial innovador. Pero no solo se trata de que la fiesta sea más numerosa, sino de que todos bailen. Es decir, que se generen sinergias entre personas distintas, que piensan y sienten de maneras diversas. Todos los cerebros son distintos cuando funcionan a su aire, pero el sistema se enriquece cuando se interconectan. Como dice Harari en *Nexus*, *sapiens* no es el rey de la creación solo por ser más sabio, sino, y quizá más importante, por ser más colaborativo y colaborador.

Y todo esto solo es posible si nace de la admiración mutua. Una generación que no admira a sus predecesores no aprovecha su saber y una generación que no admira a sus descendientes desaprovecha su creatividad. Admirar al otro es interesarse por cómo piensa, lo que hace y lo que siente. Y esa admiración puede generar grandes efectos beneficiosos y significativos, por ejemplo:

- **Transmisión de conocimientos y mejora de la economía.** Los jóvenes pueden aprender habilidades, valores y lecciones de vida que no se enseñan en entornos formales, como escuelas o universidades. Este intercambio intergeneracional enriquece el conocimiento colectivo de la sociedad y ayuda a los jóvenes a tomar decisiones más informadas.

- **Mejora de la salud mental y emocional en los mayores.** Para los que tienen más edad, participar de forma activa en la empresa contribuye a mantener el autoconcepto, la autoestima y a reducir los riesgos de depresión y olvido. Los más mayores que participan así tienen una mejor salud emocional
- **Desarrollo de habilidades sociales, empatía y cohesión social.** Al colaborar con personas mayores, los jóvenes desarrollan habilidades sociales, tolerancia y empatía. Las sociedades con una convivencia intergeneracional activa suelen ser más solidarias y cohesionadas. La integración reduce las brechas entre generaciones y crea un sentido de pertenencia compartido.
- **Innovación y adaptación a los cambios tecnológicos.** Los jóvenes, más familiarizados con las innovaciones tecnológicas, pueden ayudar a los mayores a comprender y adaptarse a las nuevas tecnologías que renuevan las formas de trabajo. Esto reduce la brecha tecnológica y facilita que los de más edad mantengan su autonomía y conexión con la sociedad digital.

Agradecemos profundamente a los coautores de esta obra, verdaderos maestros en sus campos, que han compartido su conocimiento con generosidad y visión. Y también a ti, lector, porque al sumergirte en estas páginas, estás dando un paso hacia un futuro más colaborativo, justo y lleno de posibilidades.

Nuestra sociedad necesita aprovechar todo su talento. No podemos perder invitados a la fiesta y mucho menos que dejen de bailar. Por eso, te invitamos a unirte al baile, a que leas, reflexiones y actúes. Este es el momento de conectar, de admirarnos mutuamente y de construir juntos.

Parte 1

LIDERAZGO

1. La magia de la convivencia entre generaciones: un *coupage* perfecto

Juan Manuel Sánchez
Director corporativo RR. HH. en González Byass

1. Soleras y criaderas

Cuando me propusieron participar en este libro y escribir un capítulo sobre la convivencia intergeneracional, lo primero que me vino a la cabeza fue el peculiar método de envejecimiento del vino de Jerez.

Este vino tiene una forma única de envejecimiento: el método soleras y criaderas, que implica la convivencia en una misma bota —así se denomina a la barrica en esta denominación de origen— de vinos de varios años de vejez junto con mostos recién vendimiados.

Fue el ingenio de los bodegueros de finales del siglo XVIII y comienzos del XIX lo que dio origen a este sistema. Al aprovechar la forma de almacenar y gestionar el espacio en las bodegas —se disponen las botas en cuatro alturas, conocidas en Jerez como andanas—, deciden conservar y replicar la calidad y el estilo de cada vino. El proceso consiste en extraer un porcentaje del vino de la fila más baja, llamada solera, que contiene el vino más antiguo y listo para el consumo. Esa cantidad se repone con vino que procede de la fila inmediatamente superior, la primera criadera. A su vez, esta se rellena con vino de la siguiente criadera, y así sucesivamente hasta llegar a la última, que se completa con el vino nuevo de la cosecha del año, conocido como sobretablas.

Así nació un sistema ingenioso: un método dinámico de envejecimiento basado en el cabeceo, es decir, la mezcla de distintas añadas. Cada año se introduce el vino más joven en la cuarta criadera, que con el paso del tiempo se irá mezclando y madurará a través de las sucesivas criaderas, hasta alcanzar finalmente la solera.

Si lo comparamos con la vida humana, cuando introducimos un vino joven (sobretablas) en el sistema de criaderas y soleras, este se enriquece con las bondades, el equilibrio y la sabiduría de las añadas más viejas. A su vez, aporta al sistema, frescura, fuerza y nutrientes. El sobretablas, ese vino joven, es sangre nueva que da vida a las soleras.

A la fuerza, frescura y verdor de los mostos recién vendimiados se le une la estructura y la madurez de los vinos de generaciones anteriores que ya reposan en el interior de la bota. Vinos de perfiles muy diferentes se mezclan y producen un maravilloso resultado. No se trata de un sistema basado en añadas individuales, sino del fruto de la interacción entre varias generaciones, donde el producto final es tan armonioso que resulta imposible distinguir qué ha aportado cada vino.

Del mismo modo, hoy —quizás por primera vez en la historia— pueden convivir hasta cinco generaciones distintas en un mismo entorno laboral. Cada una con su propia visión del mundo, necesidades, perfiles y, con frecuencia, diferentes escalas de valores, además de un importante desfase cultural. Este escenario constituye todo un reto para los profesionales de recursos humanos y los directivos en general que afrontan una situación sin precedentes a los que asirse, y que deben ser capaces de generar mecanismos que faciliten este proceso de adaptación.

Aunque este capítulo no pretende describir en detalle las características de cada generación, resulta necesario, al menos, señalar algunos rasgos clave que permitan formular recomendaciones sobre cómo trabajar de forma integrada. El objetivo es alcanzar ese vino redondo, producto de la colaboración entre todas las generaciones que conviven en una misma organización.

Debo dejar claro que no creo en las etiquetas ni en las generalizaciones que uniformizan a generaciones enteras de personas como cortadas por un mismo patrón. Es evidente que cada generación muestra unos rasgos comunes, pero esto ha sucedido siempre a lo largo de la historia de la humanidad y el ser humano se las ha tenido que ingeniar para adaptarse.

Lo que ocurre hoy es que esas diferencias generacionales se están haciendo más visibles —o, si se me permite la expresión, más publicitadas— que nunca.

La denominada generación *millennial*, tiene unas características muy distintivas como: el uso generalizado de la tecnología (la mayoría son nativos digitales), su enfoque en el trabajo en equipo, la búsqueda de propósito y significado en su trabajo y la necesidad de demostrarle al mundo lo que son capaces de hacer. Para ellos, las tradicionales estructuras jerárquicas de las organizaciones representan un freno en sus aspiraciones que no están dispuestos a tolerar. Para sentirse realmente comprometidos, requieren de una cultura y un liderazgo más cercano, que genere un entorno de colaboración, transparencia y reconocimiento.

Como afirma el Informe de Deloitte University *The Radical Transformation of Diversity and Inclusion. The Millennial Influence*[1]: «In order to be fully engaged, millennials require supportive leadership and a supportive culture. For millennials, leaders and culture are supportive when they promote a collaborative enviroment in which employees can see the impacto of their work, understand the value they bring to the organization, and are recognized for their efforts».

Al mismo tiempo, se suman otras características como la falta de fidelidad y el deseo de un equilibrio entre la vida laboral y personal, lo que supone un auténtico reto para aquellos líderes que tienen que dirigirlos. Y más aún cuando estos líderes pertenecen a otras generaciones como son los *baby boomers* o la denominada generación X.

Las generaciones más veteranas se han caracterizado por buscar una mayor estabilidad laboral, bajo el modelo del empleo para toda la vida en el que la actividad laboral representaba una parte fundamental —y muy absorbente, cabría decir— de su vida, lo que les ha hecho en ocasiones descuidar el ámbito familiar. Además, su incorporación al entorno digital, por lo general, ha sido tardía.

Como afirma el Informe de Randstad, *Employer brand research*[2], el 53 % de los *boomers* estiman que la seguridad laboral es un factor de importancia a la hora de elegir a su empresa ideal. Este porcentaje disminuye claramente para los *millennials* y la generación Z. Además, frente a la mayor tendencia al trabajo en equipo de los *millennials*, las generaciones de los mayores presentan rasgos de mayor competitividad e individualismo.

Todo esto pone de manifiesto el *gap* cultural y profesional que existe entre las generaciones, lo que puede llevar, en ocasiones, a conflictos si la situación no se gestiona de la forma adecuada. Por ejemplo, si un miembro de la generación *millennial* no encuentra adecuada una respuesta por parte de su jefe, no dudará en saltarse la jerarquía y acudir al superior de este. Probablemente su jefe percibirá ese comportamiento como una falta de respeto o un cuestionamiento de su autoridad, lo que puede llegar a generar una incómoda relación.

Si esta incomodidad persiste, el *millennial* no dudará en abandonar la compañía. Para un *millennial*, el ambiente en el trabajo y la relación con su jefe son las principales causas de abandono de una empresa. Como afirma el referido informe de Randstad[3], el 48 % de los *millennials* consideran importante que la empresa contratante ofrezca un ambiente de trabajo agradable, mientras que para la generación Z este aspecto no es tan relevante.

En esta misma línea, Myers y Sadaghiani[4] sostienen que los *millennials* desean trabajar con compañeros que sean «amigos, que no sean muy competitivos, que pudieran pedirles consejo y que el trabajo juntos sea fácil y ameno», donde haya un clima de amabilidad y colaboración. Por tanto, es conveniente que el lugar de trabajo tenga un ambiente laboral distendido y agradable.

Según lo que hemos visto hasta el momento, la importancia de establecer mecanismos de colaboración y diálogo entre los líderes y los *millennials* para construir una relación efectiva y mutuamente beneficiosa resulta trascendental. Como en el sistema de soleras y criaderas, ambas partes tendrán que esforzarse para entender las características y la escala de valores de la otra parte y llegar a un consenso en cuanto a la mejor forma de trabajar dentro de la organización.

Como afirman Gibson, Greenwood y Murphy[5], los líderes deben poner énfasis en aprender sobre la satisfacción laboral y los niveles de compromiso de sus equipos, en especial, en contextos donde conviven múltiples generaciones dentro de la empresa.

Una vez analizado de forma somera el desfase generacional que puede darse en el entorno laboral, vamos a revisar algunas reglas básicas que, a mi juicio, pueden convertir la convivencia intergeneracional en una fuente de productividad y enriquecimiento mutuo.

2. Algunas políticas de recursos humanos

Conviene aclarar que aquí me referiré únicamente a algunas políticas de recursos humanos donde, en mi opinión, el *gap* cultural y generacional es más pronunciado y potencialmente conflictivo.

No me ocuparé de aspectos como la retribución, los procesos de selección (más allá de la lógica importancia de tener en cuenta los valores y perfiles de cada generación), los efectos del teletrabajo o el nuevo entorno virtual, etc. Aunque todas estas prácticas son relevantes, considero que las percepciones generacionales en torno a estos aspectos difieren menos que en áreas como la estructura organizacional, el liderazgo, la cultura en la compañía, la evaluación del desempeño, o lo que entendemos por promoción, formación o desarrollo profesional.

Entrando ya en un análisis más profundo, es evidente que, en general, las estructuras de las compañías actuales —a excepción de las cada vez más numerosos *startups*— han sido diseñadas por miembros de las generaciones *baby boomer* o X, por lo que deben adaptar su filosofía de trabajo a la nueva realidad.

En esta línea, el profesor Guido Stein[6] sostiene que las políticas de gestión deben adecuarse a cómo son y cómo se comportan estas nuevas generaciones para poder potenciar sus capacidades. Y, como se ha mencionado, establecer mecanismos de diálogo, transferencia de conocimientos y conocimiento compartido resulta fundamental para la convivencia entre estas distintas generaciones.

Según el manual de G. Stein —y siguiendo a otros autores— esta transferencia ya no es unidireccional, sino bidireccional, por lo que recomienda para ello programas conocidos como *reverse mentoring* o mentoría inversa.

En esta misma línea, el Informe de Adecco, *La diversidad generacional en los equipos de trabajo*[7], aconseja que, los programas de mentoría deben orientarse a facilitar que cualquier persona con talento —independientemente de su edad— comparta su conocimiento con los demás. Menciona también la existencia de algunas empresas que ya aplican el *reverse mentoring*, que consiste en emparejar perfiles *junior* y *senior* para fomentar un aprendizaje mutuo: unos aportan experiencia, y otros, competencias y tendencias emergentes.

En el marco del diálogo intergeneracional es importante que las generaciones más veteranas en la compañía ayuden a las nuevas generaciones a entender su cultura y estructura. En este sentido, el profesor Stein aconseja la puesta en marcha de una especie de *soft-power* en la cultura empresarial. Es decir, mecanismos sutiles o normas de baja intensidad como un instrumento útil para la transformación cultural por su mayor flexibilidad y más fácil implantación.

Se revela más que necesario, por tanto, la creación de espacios de intercambio generacional que fomenten el diálogo y la colaboración y que nos ayuden a eliminar —o al menos minimizar— el *gap* cultural. Así lo menciona también el referido informe de Adecco[8].

Como ya se ha señalado, las nuevas generaciones que se incorporan al mercado laboral tienen menos afinidad hacia las organizaciones muy jerarquizadas, y se sienten más cómodas en culturas empresariales con menos reglas, pero bien definidas. En esta línea, los autores Hershatter y Epstein[9], afirman que los *millennials* prefieren organizaciones con la toma de decisiones centralizada, y responsabilidades, procesos y reglas claramente establecidas.

Otro aspecto muy señalado es la mayor necesidad de *feedback* y liderazgo cercano por parte de las generaciones más jóvenes. El mánager debe poner espacial énfasis en proporcionar este *feedback* de manera cercana e incluso con delicadeza, y hacer hincapié en el aspecto del desarrollo personal, de forma que quede palmario que lo que es objeto de valoración es una serie de comportamientos que la persona evaluada muestra en el desempeño del rol, y no su valía como persona.

Es fundamental que el *feedback*, que se lleva a cabo de forma tan frecuente como sea posible, se centre en el desarrollo del evaluado, de manera que muestre claramente sus fortalezas y se consensúen, en la medida de lo posible, las áreas de mejora detectadas por el mánager.

En esta línea, la mejor forma de liderar a las nuevas generaciones pasa por un liderazgo cercano, que no intente convertirse en un modelo para ellos ni se base en el uso de la autoridad. En este sentido, el profesor Stein afirma que «el jefe será admitido por el *millennial* en función de su prestigio profesional y de la coherencia de sus actos»[10]. Por tanto, la mejor forma de liderar será a través de la legitimación en la relación del día a día con el *millennial*, mostrando la pericia técnica en el ámbito de actuación concreto, pero sin imponer el modelo de forma autoritaria.

Adicionalmente, se exige del mánager importantes niveles de autocrítica. Como afirma de nuevo el profesor Stein: «para las nuevas generaciones sobran los líderes carismáticos y visionarios y demandan liderazgo cercano y transparente»[11].

Otra práctica de recursos humanos fundamental para la dirección de equipos de estas nuevas generaciones es el establecimiento de una política de formación y aprendizaje continuo. Así lo aseguran tanto el informe de Adecco que nos habla de la necesidad de crear «programas de aprendizaje permanente (*reskilling* y *upskilling*) que aseguren la sostenibilidad del puesto, la adaptación de la persona a las necesidades de la compañía y de la compañía a las de su equipo»[12] como el informe de Randstad que afirma que el 31 % de los miembros de la generación Z permanecerán en la empresa si esta le ofrece formación de calidad[13].

En paralelo, la creación de un entorno retador que les facilite a las nuevas generaciones la asunción de distintos roles se manifiesta como una práctica más que recomendable en la dirección de estos equipos. Hay que permitirles saltar de actividad en actividad, ya que se muestran muy reacios a la monotonía y a las tareas o proyectos repetitivos.

Una estrategia eficaz para lograrlo es la creación de *task forces* interdepartamentales, en las que convivan distintas generaciones que colaboren en un mismo proyecto. Este tipo de entornos ágiles y colaborativos suponen un estímulo adicional para los perfiles más jóvenes.

También debe considerarse la fuerte necesidad de reconocimiento y visibilidad que muestran estas generaciones. Permitir que los *millennials* y miembros de la generación Z participen, aunque sea de forma puntual, en reuniones directivas o comités donde puedan presentar temas o proyectos que lideran, supone una fuente importante de motivación y compromiso.

En coherencia con lo anterior, la generación de un entorno con promociones y reconocimientos continuos se convierte en una imperiosa obligación para una adecuada dirección de estos equipos. Más allá de asumir nuevas responsabilidades, los *millennials* requieren de un plan de carrera lo más realista y honesto posible.

El tradicional camino vertical de ascensos y promociones tiene que convertirse en un itinerario más ágil y continuo, que incluya igualmente el desarrollo horizontal y con conversaciones sobre la carrera profesional mucho más frecuentes. A diferencia de la generación *baby boomer* o X, el *millennial* no está dispuesto a esperar varios años para obtener una promoción y reconocimiento. Por lo que el diseño de itinerarios profesionales que incluyan saltos más frecuentes se muestra de todo punto aconsejable.

Como colofón, resulta conveniente mencionar que las nuevas generaciones demandan sentirse parte de un proyecto, y pensar que su trabajo tiene sentido y un propósito concreto. De este modo, necesitan «percibir que las empresas tienen alma, que son organizaciones vivas con estilos, valores y culturas diferentes»[14] y que, por tanto, las eligen en función de que cumplan con esos criterios y requisitos.

En este mismo sentido, el profesor Dave Ulrich de la Ross Business School de la Universidad de Michigan afirma que «a los *millennials* les gusta trabajar donde quiera que encuentren significado y propósito»[15].

2. Los CEO ante la gran renuncia. El perfil del líder ante la diversidad

Antonio Núñez
Senior partner de Parangon Partners y fundador de la Asociación de Alumni de la Harvard Kennedy School

En los últimos años, el líder empresarial contemporáneo llevaba el rumbo de su empresa en un mar de aguas turbulentas y, cuando parecía que empezaba a surcar la ola de la innovación y la transformación digital, se vio arrollado por un tsunami de nombre desconocido: la COVID-19. Apenas recuperado del golpe y cuando por fin empezaba a respirar, se ha tenido que enfrentar a las consecuencias de una inflación desbocada y el impacto global de una guerra en la que estamos actualmente inmersos. Como declamaba Mario Benedetti: «Cuando sabíamos las respuestas nos cambiaron las preguntas».

En este escenario tan incierto, emergió con fuerza un nuevo fenómeno: la gran renuncia. Un término que hasta hace poco parecía ajeno, exótico, propio del entorno laboral estadounidense y ajeno al ideario europeo —y más aún del español—. Sin embargo, tras los meses más duros de la pandemia, desde el segundo semestre de 2020, las primeras señales empezaron a visibilizarse también en nuestro país. Aunque el fenómeno se venía gestando desde antes de la crisis sanitaria, fue esta la que actuó como catalizador. En España, la gran renuncia tardó en manifestarse, pero todo indica que ya ha echado raíces.

La búsqueda de metas personales, la necesidad de reconectar con las personas queridas, el agotamiento emocional —conocido con el término *burnout*—, el desapego hacia los valores corporativos o la persecución de un propósito más acorde con los ideales individuales han sido las principales razones que se han esgrimido como la causa de esta oleada de renuncias. El fenómeno tenía como tinte particular que las personas que dimitían de sus responsabilidades no lo hacían necesariamente movidos por un cambio laboral estable, sino que en muchas ocasiones abandonaban el trabajo sin una alternativa a la vista.

Otro aspecto destacado de la gran renuncia es su transversalidad: este fenómeno ha afectado a todas las capas sociales y a todos los estamentos laborales. Se han escrito reportajes sobre altos ejecutivos que dejan sus empleos para pasar, de verdad, más tiempo con sus familias, pero también sobre empleados con trabajos menos cualificados (y menos capital acumulado) que abandonan sus puestos sin red, debido a motivaciones personales o por insatisfacción. El fenómeno aparece de forma más recurrente en las nuevas generaciones (*millennials* y generación Z), tanto por su inquietud para adquirir nuevas experiencias, como por no tener aún responsabilidades familiares complejas.

Se trata de un fenómeno en el que parecen haber coincidido tres causas: en primer lugar, la conciencia de que la vida presente no es eterna y merece la pena disfrutarla (una percepción despertada por las consecuencias de la pandemia); en segundo lugar, la llegada al mundo del trabajo de nuevas generaciones con intereses diferentes a los de las generaciones anteriores en lo relativo al balance entre la vida profesional, la familiar y la personal; y, por último, el aumento de las ayudas al desempleo durante la pandemia (ERTE) que pueden haber despertado el apego a la autonomía propia de la situación. Después de cinco años desde la pandemia se puede decir que el fenómeno sigue vigente, aunque de forma atenuada.

1. Liderar en la gran renuncia

Aunque el fenómeno no ha impactado en España con la misma intensidad, sí que empieza a considerarse como una preocupación entre las capas directivas que ven en la alta rotación una barrera para retener talento, así como para atraer a nuevos candidatos.

Ante esta situación, las organizaciones reaccionan de diversas maneras para asegurar una cultura empresarial que aterrice los valores y cuide los incentivos, de forma que los empleados se sientan más integrados. Además, las empresas apuestan por diferentes estrategias para retener el talento más allá de los beneficios económicos.

En España, los abandonos del empleo no se producen sin un motivo justificado en la mayoría de los casos. Recientemente tuve la oportunidad de realizar un ambicioso estudio *La gran renuncia: claves para atraer, retener y ganar la batalla del Talento*[1] en colaboración con José Ramón Pin Arboledas, profesor del IESE y Elena Rodríguez Vera de Opinno. La encuesta se envió a una muestra de más de 2400 altos directivos (de los cuales el 63 % son CEO y el 26 % son directores corporativos de personas). En el mismo, un 47.7 % de los encuestados afirmó haber detectado algún caso esporádico y un 17.4 % apuntó haber registrado algunos casos, sin llegar al 10 % de la plantilla. Un 67.7 % de los directivos aseguraron que los extrabajadores que han renunciado lo han hecho porque «han encontrado una posición con mejores condiciones».

Solo un 15 % de los directivos afirmó que no están inquietos por la rotación de personal. No obstante, un tercio de los preguntados afirmó que han detectado más (24.3 %) o mucha más (9.2 %) rotación que en ejercicios anteriores. Para evitar esta situación, las empresas realizan evaluaciones periódicas para medir la satisfacción del empleado: un 50.5 % las hace de forma anual, un 20.6 % con periodicidad semestral y un 10.1 % hace evaluaciones mensuales.

Más de la mitad de los preguntados afirmó estar nada o poco preocupados por la rotación de personal. Sin embargo, un 60 % de los encuestados sí apuntó que tomaban medidas concretas de retención de personal con el fin de evitar la fuga de talento. Un 32.1 % de los encuestados indicó que esta cuestión ocupa mucho tiempo en las reuniones de los comités de dirección y 21.1 % afirmó lo mismo con relación a los consejos de administración.

De cara a incrementar la motivación del personal laboral, que aparece como principal motor del compromiso del empleado, los CEO y altos directivos encuestados describieron diferentes acercamientos en sus empresas. El teletrabajo, por un lado, y la formación y programas de liderazgo, por otro, son los atributos que los encuestados colocaron en primer y segundo orden de prioridad, tanto para perfiles *senior* como con menos experiencia, respectivamente, como los factores de motivación que más valoran los empleados en su organización.

Si hay algo que ha quedado evidenciado con la gran renuncia y la marcha de algunos perfiles clave dentro de las organizaciones ha sido la importancia de contar con un plan de sucesión. Este tipo de planes permite adelantarse a la contingencia de la marcha del talento. Su empleo está generalizado, pero aún no alcanza a la totalidad de las organizaciones. En relación con este aspecto, la mayoría de los CEO encuestados afirmaron contar con algún tipo de iniciativa. Casi la mitad tiene un plan de sucesión definido (47.7%), mientras que un 25 % lo tiene, sin ser algo formal, y el restante 26.6 % no cuenta con ningún tipo de planificación para esta contingencia. Las diferentes generaciones aplauden esta apuesta por el talento y la continuidad del negocio.

Un 73.4 % de los encuestados señaló que sus organizaciones cuentan con un plan de retención de talento, aunque un 29.8 % de estos confesó que no se trata de un plan formal. Casi la mitad de las empresas cuentan con una figura específica para asegurar la experiencia y la propuesta de valor del empleado. Tan solo el 5.5 % de las empresas que aseguran tener una figura encargada para este aspecto destina un presupuesto específico. Es destacable cómo las nuevas generaciones buscan permanentemente un proyecto, más allá de la antigua lealtad a una empresa, una marca o un jefe.

La gran mayoría de las empresas preguntadas afirmaron que desarrollan sus procesos desde un marco de trabajo *agile* (71.6 %). El intraemprendimiento y el *design thinking* también destacan como algunas de las tendencias que ya se imponen en las empresas. Este tipo de metodologías permiten al empleado tener mayor visibilidad sobre los procesos y formar parte de la toma de decisiones de manera más directa, lo que contribuye a mejorar su experiencia y su sentimiento de pertenencia. Estas metodologías *agile* son mucho más valoradas por los jóvenes.

Las últimas tendencias empresariales se encaminan a alinear los objetivos, la estrategia y el propósito de la empresa con el de los empleados para contribuir al sentimiento de pertenencia. El 66.1% de los encuestados afirmaron que son constantes en la comunicación de este tipo de conceptos a sus empleados.

En este contexto destaca la importancia del director de Personas y de la Comisión de Nombramientos y Retribuciones del Consejo de Administración. El papel del director de Recursos Humanos, mejor dicho, de Personas, se ha vuelto fundamental en el contexto de la gran renuncia. Contar con un profesional innovador al frente de los

Recursos Humanos de la empresa es una clave para detectar, atraer. incentivar, promover y, por lo tanto, retener el talento. El reto para estos profesionales es ofrecer proyectos a las dos generaciones que conviven en la organización. Además, cabe pensar que junto a la gran renuncia aparece la oportunidad para la gran contratación y, con ello, la creación de equipos intergeneracionales

2. Características del nuevo líder

En nuestro trabajo diario con líderes empresariales, en medio de este contexto marcado por la incertidumbre, hemos podido conversar con cientos de CEO y altos directivos en el apasionante reto de buscar y ayudar en su desarrollo el mejor talento directivo del mercado. Junto a Luis Huete del IESE realizamos una ambiciosa encuesta con más de mil de estos primeros ejecutivos sobre cuáles serán las claves más importantes en un futuro cercano en el nuevo contexto para convertirse en el mejor líder. Las respuestas, que podemos aplicar a los líderes de diferentes generaciones, incluso de diferentes sectores como el social, público o privado, nos permiten dibujar un retrato de las competencias directivas que serán más importantes para transitar por las aguas diversas de los próximos tiempos:

- **Un liderazgo fuerte e integrador con capacidad de motivar, inspirar y unir a las personas.** Exigencia y cercanía es una combinación que funciona. La complejidad y la incertidumbre hacen cada día más necesario el liderazgo de un equipo diverso, complementario y colaborativo que, además, posea conocimientos y motivación sobre la gestión de la diversidad.
- **Visión estratégica a largo plazo revisable a corto.** Para alinear a una organización se han de definir prioridades de medio y largo plazo, y revisarlas con la frecuencia que exija el ritmo de cambio del mercado.
- **Flexibilidad y gestión del cambio.** El mercado es fluido y la continua adaptabilidad a los cambios requiere una organización con más conocimiento compartido y con mayores niveles de delegación.

- **Valores y ejemplaridad.** Solidaridad, cercanía, humildad, optimismo, valentía. Los valores son creencias a través de las cuales se interpreta la realidad y se elige el perfil de conductas. Liderar con el ejemplo nunca ha sido más necesario.
- **Resiliencia y gestión de la adversidad.** La adversidad se vence con foco en lo que se tiene, no en lo que no se tiene; y en lo que uno puede hacer, no en lo que otros han de hacer. Como decía Winston Churchill: «el éxito es aprender a ir de fracaso en fracaso sin perder el entusiasmo».
- **Innovar en la era digital.** Las batallas en los mercados son batallas entre modelos de negocio. El futuro es digital. La innovación de los modelos de negocio es una tarea en la que los líderes han de convocar al talento interno y externo de su ecosistema.
- **Toma de decisiones.** La mejora del proceso de toma de decisiones es una tarea pendiente. Los directivos están también sujetos a los sesgos y distorsiones cognitivas. Se necesitan datos, no muchos, sino apropiados para la naturaleza de la decisión que se ha de tomar.
- **Eficiencia y orientación a resultados.** La viabilidad de las empresas se juega en la efectividad y en la eficiencia en el corto y largo plazo. Este líder eficiente debe saber gestionar, en primer lugar, su recurso más escaso: el tiempo. Y, en segundo, el de sus equipos más cercanos.
- **Colaborador y trabajador en equipo, que lideren en red, de forma transversal y multifuncional.** La coordinación y la confianza mutua generan colaboración. Las estructuras jerárquicas y de control son insuficientes. Parte del trabajo de los líderes es conectar en forma de red el conocimiento disperso que se encuentra en la organización.
- **Comunicación, con una gran capacidad de escucha.** La claridad en la visión y la cohesión en el equipo directivo quedarían limitadas si no se añade comunicación y capacidad de escucha. Un líder ha de saber contar relatos creíbles, relevantes, diferenciales y emocionales; y saber crear un contexto de confianza.

El retrato de un líder perfecto que no existe, pero al que todos podemos aspirar. Sin olvidarnos de lo más importante, como nos recordaba Virgilio: «Aquellos que cruzan el mar, cambian de cielo, pero no de alma».

3. Choque de trenes entre generaciones, del conflicto a la oportunidad

Soledad Villar
Directora de Personas y Valores del Hospital San Juan de Dios del Aljarfe, Sevilla

La atracción de talento, la necesidad de incorporar conocimiento, de dar respuesta a nuevas necesidades y de generar nuevos enfoques, así como la necesidad de desarrollar tecnologías y de estar a la vanguardia de lo que las personas esperan experimentar en las organizaciones es una preocupación que los directivos y directivas abordan hoy.

Estamos en un momento en el que es fácil encontrar disertaciones sobre cómo gestionar y hacer convivir a las nuevas generaciones con el talento existente, haciéndolos colaborar para generar soluciones creativas a la vez que prácticas y que den respuesta al mercado. A nadie se le escapa que el trabajo en equipo, el entendimiento y la creación colaborativa son y serán necesarias. No es una opción que las empresas podemos decidir si abordamos o no, es un sí o sí.

Debemos ser, además, conscientes de que las personas de distintas edades se comportan de manera parecida, aun teniendo pensamientos experiencias y preferencias diversas, tanto en el ámbito laboral como en el personal, pero ocurre que aparecen sesgos y formas distintas de observar la realidad que conducen a conflictos, que, si no se gestionan, se convierten en obstáculos. Lo cierto es que el conflicto intergeneracional, un choque de trenes entre generaciones, es reflejo de lo que ocurre en la sociedad y lejos de ser un problema, puede ser una gran oportunidad para mejorar nuestras organizaciones.

1. Un marco teórico para entender el conflicto

Consideremos tres piedras angulares determinantes del conflicto por su influencia y por su propia capacidad para derivar realidades muy diferentes. Estos factores son, las empresas, las personas y el escenario.

Empresas

Las empresas, entendidas como agrupaciones de personas con un objetivo común o como un equipo de personas que de forma coordinada resuelven problemas de negocio, de la sociedad y también de carácter interno, tanto técnicos como económicos, administrativos o relativos a la gestión de personas, son ámbitos donde la interacción está plenamente condicionada por los objetivos, la estrategia, la estructura organizativa, los canales de comunicación y *reporting*, la organización del trabajo, etc. Así, según la organización propicie un estilo u otro de relación entre sus integrantes, las soluciones generadas serán distintas.

Las empresas son ecosistemas donde el todo es más que la suma de las partes. Son más eficientes cuanto más flexibles, a la vez que más complicadas cuanto más interaccionan en red. Pero, sobre todo, son entes que se rigen por unos valores. Son lugares donde, de forma consciente o inconsciente, existe una cultura y donde las personas, a través de su desempeño, generan resultados, en definitiva, dejan su propio legado.

Personas

Las personas son la esencia de las organizaciones y de sus interacciones dependen los resultados. Hacer que las personas colaboren es clave para reunir el talento y, como veremos a continuación, el que coexistan distintas generaciones ya es un objetivo en muchas organizaciones. En este sentido, hemos de tener en cuenta que en las generacionales anteriores el peso específico del talento se encontraba en la experiencia y el conocimiento acumulado y en los contactos generados a lo largo de los años. Sin embargo, hoy en día la tecnología ocupa un papel crucial ante el mismo objetivo de eficiencia y servicio y, en gran medida, está en manos de los jóvenes.

Buscar el talento se ha convertido en una de las grandes ambiciones de la organización. World Economic Forum, en su documento *The Jobs of the Future de 2025,* publicado en enero de este año, informa sobre el punto de vista de más de 1000 empleadores líderes a nivel mundial (representan a más de 14 millones de trabajadores en 22 grupos industriales y 55 economías de todo el mundo) sobre los empleos y las habilidades y las estrategias de transformación de la fuerza laboral e indica que la brecha en habilidades es la mayor barrera para la transformación empresarial. El 85 % de los empleadores encuestados piensa priorizar la mejora de las habilidades de su fuerza laboral, el 70 % espera contratar personal con nuevas habilidades, el 40 % prevé reducir el personal a medida que sus habilidades se vuelvan menos relevantes y el 50 % planifica hacer la transición del personal de roles en declive a roles en crecimiento. Podríamos interpretar que en dicho estudio confluye la esencia de este capítulo: la adquisición de nuevo talento a la vez que se manifiesta de forma importante el *reskilling* de las generaciones más maduras presentes en la organización.

Escenario

Como colofón, el escenario, es decir, los condicionantes sociales, políticos y macroeconómicos ajenos a las empresas y personas, que pueden alejar a la organización de sus objetivos. Los avances tecnológicos, la situación económica, la crisis sanitaria que ha marcado el devenir de la sanidad, el cambio climático, el tránsito hacia políticas locales de aseguramiento de cobertura de necesidades para nuestras poblaciones de referencia, etc., están marcando pautas de actuación.

Pero, además, el enfoque en la persona, lo experiencial, el cuidado de la salud física y mental, la importancia de la conciliación, la necesidad de prolongar la vida laboral de las personas ante la posibilidad de que los servicios sociales entren en crisis y tensionen las expectativas entre los que quieren jubilarse y los que llegan al mercado laboral, etc., están dando lugar a una nueva definición de talento, un talento diverso que procede de la diversidad de género, de la diversidad por orientación sexual, de la diversidad funcional, de la diversidad de origen y, también, de la diversidad de edad.

Cómo interaccionan las personas en el seno de la empresa, teniendo en cuenta el escenario, es información fundamental para identificar debilidades, amenazas, fortalezas y oportunidades de los posibles conflictos y actuar para mitigar efectos adversos y provocar beneficios.

2. Conociendo la adaptación de las empresas a la interacción generacional

No hay buen plan de acción sin buen diagnóstico. Analizar las debilidades, amenazas, fortalezas y oportunidades en relación con una cuestión ineludible como la convivencia entre generaciones es un paso previo y muy conveniente para diseñar programas y medidas preventivas y correctoras del conflicto. Lo podemos llamar DAFO de adaptación de las empresas a la interacción generacional del talento.

Debilidades:

- Estructuras con alta longitud de mando (muchos niveles organizativos) y peso jerárquico.
- Diferencia de enfoques en el concepto de solución válida, que, aunque sean soluciones robustas, probadas y legitimadas, pueden entrar en conflicto con otras ágiles y arriesgadas.
- Dificultades para asimilar la tecnología por novedosa o disruptiva.
- Culturas resistentes al cambio y poco tolerantes con el error en el seno de una burocracia excesiva que reduce la creatividad.
- Estilos de liderazgo poco colaborativos.
- Creencia de que el talento joven se incorpora con vocación de permanencia cuando la realidad está diciendo lo contrario.
- Culturas que aprecian el conocimiento técnico y la titulación poniendo más énfasis en competencias *hard* que en competencias *soft* lo que puede sesgar el talento.
- Plantillas poco predecibles, irregulares y poco estables.

Amenazas:

- Legislación laboral que propicia el abandono del mercado de trabajo de los más mayores.
- Valores sociales que propician el edadismo sin preocupación en los medios de información.
- Difusión de contenidos edadistas por redes sociales.
- Desarrollo de tecnologías de la información que provoquen la brecha digital.
- Pérdida de visión y desorientación estratégica.
- Balance demográfico desproporcionado.

Fortalezas:

- Estructuras organizativas con ancho *span* de control donde un joven dirige profesionales *seniors* que cuentan con autonomía para su actividad y donde está extendido el *empowerment*.
- Acumulación de conocimiento tácito basado en la experiencia (no almacenado en bases de datos) de difícil reemplazo y que supone una ventaja competitiva.
- Procesos de formación inclusivos (*upskilling* y *reskinlling*).
- Plataformas de formación compartida.
- Cultura que propicia la escucha activa y un enfoque para mejorar el diálogo.

Capacidad para que las personas creen su propia estrategia formativa.

Oportunidades:

- Mercados que requieren reposicionamiento de productos, servicios por la diversidad de edad de la sociedad o mercados cambiantes que requieren una profunda redefinición.
- Tecnología como herramienta colaborativa y formadora y que es producto del progreso tecnológico.

- Mercados emergentes, complejos y de gran competitividad que exigen experiencia y ambición.
- Caladeros de talento *senior* y *junior* propiciados por los movimientos poblacionales que ocasionan las migraciones por conflictos, cambio climático y subdesarrollo.
- Desarrollo legislativo contra la discriminación por edad.
- *Gig economy* que permite la contratación de personas con conocimientos específicos independientemente de la edad.

La forma organizativa en sí misma es un condicionante para la colaboración intergeneracional. Las estructuras altas y muy jerarquizadas donde mayores dirigen jóvenes dificultan el entendimiento y la actitud para colaborar. Suelen ser organizaciones con un gran peso de conocimiento técnico atribuido a la experiencia que no deja mucho sitio a la innovación y donde puentear al jefe es casi un delito. Hoy día, el nivel de formación de las generaciones más jóvenes posibilita reducir la altura del organigrama, haciéndolo más ancho, gracias a una mayor delegación de responsabilidades y la dirección por objetivos. Estas estructuras de mayor *span* de control son una oportunidad para colaborar y para ganar en velocidad en las decisiones.

La cultura es otro determinante, sobre todo, cuando la actitud hacia el error reduce el número de propuestas de mejora. El exceso de burocracia ha impedido a muchas organizaciones aprovechar ideas que podrían haber sido válidas o haber supuesto aprendizaje. En este sentido, un equipo con personas con expectativas y enfoques diferentes puede ser visto como una amenaza por falta de entendimiento, sin embargo, también pueden ser un gran estímulo para la mejora de procesos, que elimina algún paso, sin cuestionar el grado de burocracia, las relaciones organizativas o la mayor o menor bondad de los procesos anteriores.

La tecnología aparece como una dificultad y como una amenaza por la brecha que puede crear entre distintas generaciones, pero también es una oportunidad por su capacidad dinamizadora, formativa y como base para crear soluciones más ágiles. La tecnología forma parte de ese escenario que evoluciona en nuestra sociedad y que no es un factor controlable por la organización, no está en su círculo de influencia, pero debemos incorporarla para no perder ventaja competitiva y, en algunos casos, incluso, por la supervivencia de la organización.

Convertir el desencuentro intergeneracional en oportunidades puede fortalecer la cultura organizacional, impulsar la innovación y mejorar las relaciones laborales.

3. Cómo hacer convivir todas las generaciones en la empresa

Igual que en otras formas de diversidad, la gestión de la diversidad etaria requiere de estrategias inclusivas que aprovechen las fortalezas de cada grupo generacional.

Como punto de arranque resulta conveniente conocer la percepción que cada generación tiene de las demás. En este sentido, merece consideración la información que proporcionan las encuestas de clima laboral y la creación de foros abiertos para que empleados de todas las edades compartan sus opiniones sobre la convivencia y las expectativas.

Construir una identidad corporativa

La identidad corporativa conlleva definir una visión común: identificar y proteger los valores centrales de la organización. Esto unifica esfuerzos y reduce tensiones, y, en este sentido, buscar puntos de encuentro entre las distintas generaciones. También los valores y propósitos comunes pueden aportar ideas a la estrategia de la empresa, generar compromiso e identificar nuevas oportunidades de convivencia. Conocer la historia de la empresa y sus grandes hitos es sin duda una de las grandes oportunidades que este choque de trenes generacional nos ofrece.

Empieza a ser una práctica interesante la de asignar embajadores de diferentes edades para impulsar la diversidad, identificar problemas generacionales, recabar buenos momentos y testimoniar experiencias.

Una tarea clave es abordar el etarismo o edadismo para lo que se debe proporcionar información sobre lo que es, cómo nos afecta y cómo evitar los sesgos, es decir, los pensamientos (estereotipos), las actitudes (prejuicios) y los comportamientos (discriminación); también es importante recordar que el edadismo está referido a todas las edades, no solo los mayores, porque los jóvenes también pueden sentirse desplazados. Resulta recomendable ofrecer talleres o charlas que sensibilicen a los empleados sobre las diferencias y similitudes generacionales, de manera que se rompan los estereotipos y se fomente un lenguaje inclusivo. De la misma manera y en los mismos talleres conviene fomentar el reconocimiento del valor que cada generación aporta, desde la experiencia de los veteranos hasta la innovación de los jóvenes.

También han mostrado utilidad los eventos sociales inclusivos como las actividades que interesen a todas las generaciones (torneos, juegos, talleres de cocina o viajes cortos) y la celebración de hitos y logros de empleados de todas las edades, destacar aniversarios laborales, cumpleaños o reconocer proyectos exitosos como resultado de la colaboración intergeneracional. Debería perseguirse la admiración mutua para construir confianza y orgullo de pertenencia por trabajar junto a personas brillantes. Las actividades donde generaciones colaboren para ayudar a la comunidad fortalecen la unión y un propósito compartido.

Otras ideas válidas son los juegos colaborativos (gamificación) donde distintas generaciones trabajen en equipo para resolver problemas de negocio y en las que se premia la innovación y la colaboración, o para encontrar soluciones a problemas vitales. La resiliencia es una competencia cada día más necesaria para enfrentarse a los avatares de la vida que los más jóvenes deberían desarrollar y los más mayores enseñar. De la misma manera, los encuentros de retroalimentación pueden usarse para expresar quejas y frustraciones generacionales del tipo: «los jóvenes son impacientes» o «los mayores no se adaptan rápido».

El progreso tecnológico y los cambios culturales han traído nuevas formas de comunicarnos. Las redes sociales nos obligan a adaptar los estilos, si no queremos perder a los más jóvenes que cada vez usan menos el teléfono y más la mensajería instantánea. Pero esto no significa renunciar a las formas tradicionales de comunicación ni a los boletines impresos que son preferidos por los mayores.

4. Fomentado el aprendizaje y liderazgo

Los programas de *mentoring* son una herramienta poderosa para provocar el diálogo entre personas de distintas generaciones. El *mentoring* tradicional permite que quien tenga más experiencia, en principio, el mayor, comparta sus conocimientos, sus vivencias con los jóvenes, además de poder dar orientación sobre la carrera profesional. El *mentoring* inverso ha mostrado su utilidad cuando los jóvenes enseñan habilidades tecnológicas a las generaciones mayores, sobre todo, en el uso de las plataformas colaborativas que permiten una comunicación fluida y donde todos pueden participar (Teams, Zoom, etc.) y que tiene sus beneficios más allá del entorno laboral.

Los talleres en los que se comparten conocimientos pueden tener contenidos como historias de éxito en el lanzamiento de productos, dirigidos por mayores; o el uso de redes sociales en los negocios, dirigidos por jóvenes.

Las actividades relativas al fomento del liderazgo incluyen el entrenamiento de líderes (formar a *managers* y responsables de equipo para gestionar equipos multigeneracionales, que entiendan y valoren las necesidades específicas de cada grupo generacional) y diseñar modelos de liderazgo diverso, como promover líderes de todas las generaciones para reflejar la diversidad interna. En este sentido, una opción es la contratación de expertos en diversidad generacional para dirigir talleres sobre resolución de conflictos y convivencia.

No debe olvidarse tampoco adaptar la formación y el desarrollo continuo con programas de desarrollo individualizado, de acuerdo con las diferentes etapas de la vida profesional, en sesiones de formación de trabajo en equipo para que las distintas generaciones trabajen juntas con las mismas herramientas y les orienten a los mismos objetivos.

Corresponsabilidad en la resolución de problemas y toma de decisiones

Los equipos intergeneracionales por proyecto con miembros de distintas generaciones desencadenan la diversidad cognitiva y facilita dinámicas donde las personas de distintas edades colaboran para abordar retos organizativos y de negocio. En este tipo de colaboraciones se han puesto de manifiesto las maneras distintas de ver las cosas, las diferencias al categorizar y analizar los problemas, el modo de abordar la resolución y, muy importante también, las estrategias de cada uno a la hora de hacer pronósticos. Si reúnes en torno a un problema a gente que piensa igual, obtienes la misma respuesta muchas veces, pero si reúnes a personas que piensan distinto, quizá arrojen respuestas más originales y brillantes. Esto puede implicar el rediseño de roles y responsabilidades para aprovechar fortalezas individuales en proyectos de cocreación donde distintas generaciones trabajen juntas para diseñar productos, servicios o procesos más efectivos.

En cualquier caso, el *brainstorming* generacional puede producir ideas combinadas de los más jóvenes, creatividad y enfoques digitales, con las de los más mayores, sabiduría y experiencia para hacerlas viables. Se trata de convertir las diferencias en innovación.

Flexibilizar el tiempo y el lugar de trabajo

La conciliación de la vida personal con la profesional es una preocupación de personas, empresas e instituciones y, cuando no es atendida, puede crear tensiones que van en contra de la salud de las personas y de los intereses de la empresa. Se trata de una ecuación frágil, pero beneficiosa, que requiere armonizar la orientación a resultados y la orientación a las personas, de manera que la una sin la otra hace inviable un proyecto empresarial.

La propuesta en este sentido es flexibilizar los horarios, pero reconociendo que cada generación tiene sus necesidades y preferencias. Los más jóvenes con hijos pequeños necesitan tiempo para el cuidado de sus niños, sus estudios y sus mayores; los más mayores, tiempo para atender a sus mayores y todos, tiempo para el ocio. El reto es diseñar una oferta que sea compatible con la actividad empresarial. Todos requieren y justamente merecen una reflexión por parte de las organizaciones, cada vez con una vocación más humana y, por tanto, más sensibles a las necesidades de las personas en la organización.

Junto a la flexibilidad de tiempo, la flexibilidad espacial, aunque aún podemos afirmar que haya venido para quedarse, sí se ha extendido como herramienta que ayuda a la conciliación y a la movilidad, pues los tiempos de traslado y aumenta el tiempo de dedicación a la familia y al ocio. No obstante, las modalidades de teletrabajo o trabajo en remoto, reguladas por ley, no siempre son preferidas por todos. Los mayores perciben riesgos para la supervisión y dirección, los jóvenes perciben riesgos para el aprendizaje y la comunicación.

Conclusión

Lo que se puede esperar de iniciativas de este tipo es prever que los trenes no choquen, sino que, más bien, incrementen la creatividad y la innovación gracias a la diversidad en las perspectivas; que mejore el clima laboral al reducirse las tensiones y al aumento de la empatía; que se fortalezca la marca de empleador y gane notoriedad por ser inclusiva e innovadora; que mejore el compromiso gracias a las oportunidades de participación y reconocimiento. Todo ello redunda en la atracción, fidelización y valores de e-NPS (por sus siglas en inglés, índice de recomendación teta de los empleados) mejorados, es decir, en buenos lugares para trabajar.

El conflicto es un cúmulo de desencuentros entre expectativas. Lo que supone un valor para un colectivo, no es prioritario para otro. A menudo nos encontramos conversaciones sobre lo que las nuevas generaciones quieren y la frustración de no saber si coincide con el modelo clásico. Las nuevas generaciones parecen no tener el foco puesto en jubilarse en la organización, ni en demostrar su compromiso a través de la total disposición de su tiempo al servicio de la empresa. Tampoco parecen tomarse bien lo de estar para cualquier cosa. Quieren retos, proyectos, saber cuál es su rol en cada momento y saber qué tal lo están haciendo.

A menudo nos encontramos con la discusión de si todos estos pensamientos son lícitos o no, si son adecuados para el momento de la carrera que se vive. Pero lo cierto es que, por un lado, cuestionar una realidad no parece ser la mejor forma de gestionarla y, por otro, la necesidad de atraer, fidelizar y motivar el talento joven es prioritario para las organizaciones. Por ello, quizá tenga más sentido, tratar de entender estas posturas sin desestimarlas y adoptar una actitud de escucha empática de la organización como modo de ofrecer una propuesta de valor que protege, desarrolla, facilita la conciliación y promueve un entorno libre de tensiones.

Por tanto, y volviendo al inicio del capítulo, la propuesta es analizar nuestro DAFO en que se consideran la organización, las personas y el entorno, se escucha de forma empática para prevenir y corregir la conflictividad intergeneracional, y se posibilita la creación de un nuevo paradigma organizativo. Podríamos decir, así, que:

Los conflictos intergeneracionales pueden ser la gran oportunidad para innovar en modelos organizativos con los que abordar los retos del futuro y enfocarse en la coherencia de los valores y el propósito personal.

Se trata de alinear personas de distintas edades con la misión y la estrategia, y convertirse en un punto de encuentro y de admiración donde antes había choques de trenes.

4. ¡Me gusta trabajar contigo! La compensación al servicio de la transformación cultural

Lorena Ruiz
Directora de Compensación y Beneficios
Grupo Santalucia

1. El tiempo y la edad

Aunque parezca mentira, este verano he cumplido veinte años trabajando en el área de Personas, intentando aportar valor en la transformación de las organizaciones en las que ha enorgullecido formar parte durante este tiempo. A lo largo de estas dos décadas, he tenido la suerte de conocer diferentes sectores productivos con necesidades muy diversas tanto en términos culturales como en términos de cuenta de resultados, y mi visión es que hay algo común en todas ellas: las personas constituyen el activo más importante de toda empresa.

Por eso, este capítulo nace como una reflexión para identificar los principales elementos que hacen posible la transformación empresarial desde la función de Personas, teniendo en cuenta que el paso del tiempo provoca el relevo de unas generaciones por otras.

En la actualidad trabajo en el sector asegurador, lidero una Unidad de Compensación y Beneficios en una compañía centenaria. Se trata de un entorno con una base financiera muy sólida, pero también marcado por un talante prudente. En este contexto, tras años de éxito, asumimos el reto de incorporar perfiles distintos a los tradicionales de ser y de hacer, con el objetivo de enriquecer al equipo sin perder su esencia. Se trataba de integrar a profesionales más jóvenes —entusiastas, con gran potencial, pero menos experiencia— junto a perfiles *senior*, con trayectorias consolidadas y formas de trabajar muy arraigadas.

2. Ideas inspiradoras

Desde el inicio, hemos trabajado guiados por dos ideas que hemos tenido bien presentes y a las que vuelvo constantemente con los equipos. Una, que las relaciones entre personas siempre trascienden a las organizaciones y, dos, que el profesional deseado no es el de antes, tampoco es el de ahora, sino la mejor alianza de ambos.

La primera nos ha ayudado a trasladar a los profesionales el mensaje de que cada uno de nosotros somos singulares, únicos en nuestro nivel de aportación, pero que el valor real emerge cuando trabajamos en equipo, no vamos a ningún sitio haciéndolo de forma individual y aislada. Este punto es relevante cuando estás gestionando equipos diversos, con foco a resultados y por proyectos. La mera suma de las partes, sencillamente, no funciona, ni es lo esperado. Y es que la generación de alianzas entre los miembros del equipo es tan relevante que cuando se consigue se destruyen los silos, los reinos de taifas y se genera el ansiado «me gusta trabajar contigo». Además, sabiendo que las organizaciones perduran a pesar de las personas y que el profesional deseado es la mejor versión de cada uno, el interés para la empresa está más en el conocimiento que dejan y en la cultura de colaboración que generan y que otros heredarán, que en el hecho de tener un extraordinario perfil.

«Me gusta trabajar contigo...». Cuatro palabras sencillas pero poderosas que te llevan lejos. Son el germen de equipos cohesionados, con verdadero sentido de equipo, que funcionan con sentido de propósito y que, incluso cuando sus miembros emprenden otros caminos vitales, se vuelven a buscar, porque saben que juntos dan lo mejor de sí.

Gestionar personas —en especial, equipos diversos por edad o experiencia— exige relaciones basadas en la confianza y la generosidad. Cuando existe un propósito, el sentido de equipo trasciende y conecta con lo importante: los valores, la autenticidad, el aprendizaje y el cuidado mutuo.

La segunda idea se puede ilustrar muy bien con otra entrañable historia vivida durante los primeros pasos en mi actual compañía. Como nueva directora de Compensación que «venía de otros mundos». En mis primeros días conocí a E. S., un referente con más de cuarenta años en la empresa. Al principio, nos observamos con cierta distancia. Pero la conexión fue inmediata.

Esa relación ha sido uno de los mejores regalos de mi etapa en la aseguradora: muchas de mis ideas disruptivas, nuevas funcionalidades para nuestros negocios, decisiones relevantes que afectarían a la progresión profesional de mis compañeros, etc., fueron compartidas con E. S., que era *senior* por edad, pero, sobre todo, era muy *top* en todos los sentidos: su generosidad y crítica constructiva junto a mi escucha activa y resiliencia hicieron que su gran conocimiento de la empresa y mi experiencia nos permitieran desarrollar modelos únicos, adaptados y más adecuados al ADN de la organización.

Este ejemplo muestra algo esencial: rodearse de profesionales con experiencia es valioso, pero lo realmente transformador es tener la humildad de desaprender y aprender de nuevo, de abrir la mente y escuchar con interés en las opiniones que vengan desde el respeto y la profesionalidad.

Porque, en definitiva, el éxito de un equipo intergeneracional no depende solo del conocimiento o la trayectoria, sino de la actitud, la predisposición y el respeto profundo por el otro.

3. Plan de acción

En el año 2020, se aprobó un Plan Director de Personas con una misión muy clara para la Dirección de Compensación y Beneficios: servir como palanca para la transformación cultural, atraer y fidelizar el mejor talento y contribuir a la consecución de los retos estratégicos del grupo.

Lo más importante que hicimos para conseguirlo fue escuchar. Muy pronto me di cuenta de que los modelos técnicos, que habían funcionado en compañías previas, del IBEX 35 y del mercado continuo simplemente no eran aplicables aquí. El perfil de compañía y su diversidad cultural y generacional requería ser ejemplo de escucha activa y entrega de soluciones y productos adecuados y adaptados a nuestros clientes internos. Por eso tuve que abandonar mi «laboratorio» habitual de «compensadora» y salir a hacer *focus groups*, sesiones de trabajo en casa con nuestros negocios, pero, sobre todo, gestionar mi agenda para dedicarle tiempo de calidad a un buen café que, en ocasiones, resolvía bastante más que unas cuantas horas baldías de despacho.

Tras esa fase de escucha, trabajamos con nuestros embajadores para elevar el nivel de la conversación sobre compensación, colocándola en el lugar estratégico que le corresponde: debíamos pasar de la administración de salarios a convertir la compensación en una palanca clave para la consecución de resultados. Porque esta profesión no consiste en repartir pedreas ni tampoco en hacer café para todos.

Los costes de personal son la línea más relevante de la cuenta de resultados y debe tener retorno tanto para el accionista como para el profesional por su esfuerzo y valor aportado, así como la característica de atraer y retener a los mejores profesionales garantizando la rentabilidad del negocio. Como valor adicional e intangible, el retorno también debe incluir la idea de «me gusta trabajar contigo».

Ya habíamos entendido la estrategia del grupo, las necesidades de los diferentes negocios. Ahora tocaba definir nuestro propósito y los principios que acompañarían a nuestras políticas en todas las entidades cada vez que hubiera que tomar decisiones de recompensa sobre personas.

Queríamos tener un único modelo de recompensa total en el grupo que cumpliese un doble objetivo: por un lado, servir a un propósito común, recoger nuestra identidad, en términos de cuidado y protección a las familias y, por otro, que tuviese la suficiente flexibilidad y mano izquierda, como para abrazar la diversidad y el carácter singular de todas las entidades que forman el ecosistema. Con la parte más holística superada, había que ponerse manos a la obra y entonces configuramos un menú con los elementos clásicos de un sistema de compensación, pero con el arte de combinarlo y personalizarlo en función de las necesidades: retribución fija, retribución variable, beneficios sociales, entorno y equilibrio, aprendizaje, desarrollo, crecimiento y reconocimiento.

El equipo humano ha sido esencial para hacer esto posible. Al configurar el equipo la tarea consistía en reunir un grupo de personas diverso en cuanto a conocimientos y capacidades que además de ser gente normal fuera buena gente.

Hubo momentos en los que estábamos trabajando en la misma sala más de veinte personas: equipos de consultoría estratégica, compañeros de TI, de Legal, de marketing, agencia de publicidad, recursos humanos... Lo más impresionante de todo es que aquello era un único proyecto, con absoluta implicación y responsabilidad por parte de cada uno de nosotros. De nuevo, la edad y, sobre todo, las diferentes experiencias, tanto profesionales como vitales, enriquecieron los resultados, en el fondo y en la forma. La propia naturaleza humana nos lleva a sentirnos más cómodos con aquellas personas que son más parecidas a nosotros, tanto en términos de edad, como en otras características sociológicas y demográficas. La exposición a opiniones diversas, experiencias distintas y disruptivas, solo suma y hace que los resultados finales sean exponencialmente mejores.

Por supuesto, también hubo momentos muy duros. Ejecutamos la primera fase de implantación en plena pandemia. Y en los momentos difíciles, es cuando más se agradece estar rodeado de buena gente. Porque en la adversidad aflora la esencia de cada persona y es ahí cuando sabes quién será tu compañero de camino, al que sí le dirías las cuatro palabras mágicas...

Desde el punto de vista de construcción de políticas, llevo muchos años trabajando con dos premisas que, hasta la fecha, han funcionado: tener un ojo dentro y el otro fuera y jamás traer a casa un modelo que no esté plenamente adaptado a nuestra forma de ser y de hacer. Lo primero, porque te obliga a conocer la naturaleza de tu propia empresa en profundidad, las relaciones formales e informales, los ciclos de estabilidad, cambio y disrupción. Al mismo tiempo hace que estés al día de soluciones que funcionan en industrias y modelos empresariales comparables. En estos años también he aprendido que los retos y problemas a los que se enfrentan las compañías no son tan singulares, aunque sí que lo son las personas que habitan en ellas. Y lo segundo, porque ya hemos comprobado en nuestras propias carnes que el modelo, técnicamente más solvente, fracasará si no somos capaces de socializarlo, divulgarlo y hacerlo propio.

Algo que me parece digno de mención, por la capacidad de escalabilidad y mejora en la implantación es apoyarse en un socio tecnológico.

Hoy día, pretender la implantación de una política medianamente sofisticada dándole a la manivela es muy mala idea. Nuestra necesidad de información y de anticipación ya es innegociable y hoy ya no supone ninguna ventaja competitiva ocupar capacidades resolviendo problemas higiénicos, eso es una fuerte desventaja. Mientras dedicas esfuerzos a contar cabezas, tu competidor está pensando en el siguiente modelo de recompensa con el que llevarse a tus mejores actuarios, gestores de inversiones o perfiles digitales. Y eso sí puede comprometer la continuidad de tu negocio. Es por ello por lo que, desde el principio, tuvimos claro que nuestras nuevas políticas irían acompañadas de la mejor solución digital que encontráramos en el mercado. Así se hizo y lo importante de esto reside en dos puntos principales. Por un lado, ha liberado tiempos de administración, para invertir en formación, entrenamiento y divulgación y, por otro, gracias a eso, tenemos hoy un ejército de más de cien compensadores (como a mí me gusta llamarlos) que son los responsables directos de tomar las decisiones sobre la recompensa de sus equipos. El entrenamiento en el que los acompañamos cada año es diverso, pero, explicado en líneas generales, consiste en una formación generalista en compensación, de manera tal que es frecuente encontrarse a nuestros mánagers de compensación hablando de comparratios, bandas salariales, posición en banda o colectivos críticos en mercado. Es una inversión con altísimo retorno. El equipo de compensación comenzó con solo cinco personas para todo el grupo en 2019 (12 000 empleados) y ahora dispone de más de cien compensadores que trabajamos de forma coordinada y distribuida.

La importancia de este ejército es doble: no solo son líderes de negocio, sino también líderes de personas. Porque las personas no abandonan empresas, se van de sus jefes (cuando estos no son líderes). El objetivo es que los mánager comprendan y compartan los principios del modelo de recompensa, para que así puedan administrarlo y defenderlo delante de sus colaboradores: de esa forma, las decisiones tomadas sobre los equipos habrán sido suyas y de nadie más.

4. Diversidad generacional

Fue aquí donde la diversidad generacional jugó un papel clave en el dimensionamiento del proyecto. Del mismo modo que ocurre en la sociedad, necesitábamos gestionar la diversidad, también entre nuestros profesionales. En términos de edad y generación, fue muy relevante entender y dar respuesta a los diferentes colectivos que teníamos representados en la casa. Queríamos comprender las diferentes fases del ciclo de vida del empleado y ser muy flexibles, para que cada paquete de recompensa tuviera el mayor grado de adaptación a las necesidades de cada momento de la vida de las personas.

Para hacer posible la personalización de los paquetes retributivos, era necesario migrar la gestión de la recompensa de las personas de un modelo analógico, local y centralizado, a un modelo que fuera por completo digital y descentralizado en el que Personas se convertía en un faro, un facilitador, que volcaba la responsabilidad de la toma de decisiones sobre cada uno de los responsables de personas. Esto suponía dejar atrás de forma irreversible la excusa recurrente del mánager «yo no sé por qué, pregunta a Personas», para llevarlo hacia otro lugar, acompañándolo, apoyándolo, formándolo y dándole herramientas para que pueda estar cómodo en el *front*, gestionando a sus equipos.

Sin duda, nos ayudó de forma decisiva la firme apuesta del grupo por la transformación digital: lo construimos atendiendo a la diferente composición de nuestros negocios, a sus diferentes velocidades, pero con el mismo objetivo común, que era empoderar a cada líder de equipo en la toma de decisiones sobre recompensa. La convivencia de profesionales diversos, lejos de ser un freno para la transformación, ha sido una ventaja la mayoría de las ocasiones. Lo importante fue identificar bien las sinergias y aprovecharlas. Por ejemplo, en uno de nuestros proyectos más estratégicos —la evolución del *core* de negocio—, formamos equipos mixtos donde perfiles veteranos colaboran con profesionales expertos en tecnologías de vanguardia. El resultado fue una suma virtuosa: lo mejor del saber hacer tradicional y del pensamiento innovador orientado al futuro, sin perder la esencia de quienes somos.

Uno de los valores principales de este proyecto, que ha servido como facilitador para su implantación completa en el grupo, ha sido la transparencia. En una empresa con más de cien años de historia en el sector asegurador, hablar de retribución podía ser tema tabú. Sin embargo, el nuevo proyecto fue asumido desde el principio con la voluntad de compartir información relevante para la toma de decisiones. Con las personas, con sus responsables, con el equipo de Recursos Humanos, con el equipo directivo y con todo aquel que estuviera dispuesto a sumar. Este aspecto era irrenunciable, por convencimiento y también porque las nuevas generaciones traen en su ADN un concepto mucho más abierto y colaborativo de la gestión de personas en general y de la recompensa en particular.

Una práctica que también merece la pena compartir es el comité anual de los KPI: un equipo en el que está representada la Dirección Financiera y la Dirección de Personas. Trabajamos cada año con la Dirección General de cada negocio para la designación de los KPI estratégicos que determinarán la retribución variable anual de las personas. Es una práctica muy recomendable, porque pone este tema en la agenda de los ejecutivos del grupo y ayuda a enfocar de manera muy certera los esfuerzos de cada una de las unidades de negocio.

Una frase que resume bastante bien el trabajo en el que estamos inmersos en este momento es: «la enorme complejidad y robustez técnica de nuestros modelos debe transformarse en usabilidad para nuestros clientes». ¿En qué medida merece la pena sacrificar un punto de sofisticación en favor del mejor entendimiento y adopción de las herramientas? La respuesta es que debemos seguir trabajando cada día, para no renunciar ni a un ápice de rigor técnico, acercando esta forma de hacer las cosas de manera natural, normalizada y bajo los estándares de buen gobierno. Si aligeramos los modelos renunciando a la excelencia, volveremos veinte años atrás, a la visión normativa y estandarizada de los modelos retributivos y eso puede suponer, por un lado, que tu competidor pueda estar haciendo lo mismo que tú (aplicar convenio colectivo y tabla rasa para todos) y, por otro, que tu competidor haya optado por aplicar modelos de recompensa basados en la meritocracia y la contribución diferencial. En cualquiera de los dos escenarios, y de forma inmediata, se habrá perdido una oportunidad extraordinaria de sacar ventaja.

Hace unos días, tenía una interesante conversación con un colega que me preguntaba: «Después de estos últimos seis años tan intrépidos, ¿cómo visualizas los próximos diez?». La respuesta es que, para mí, ha llegado el momento de traer el futuro a casa y convertir los retos en aliados. Nuestro papel como agentes de la transformación tiene más relevancia que nunca en un contexto macro que nos va a poner las cosas difíciles, en el fondo y en la forma.

A corto plazo, la demografía, la escalada de costes sociales o los modelos de retribución por competencias nos tendrán ocupados y tendremos que seguir empujando para ser cada vez más responsables desde nuestras entidades. A nivel macro, los temas clave son, y seguirán siendo, el medioambiente y la igualdad, en todas sus formas y dimensiones.

A medio plazo, el salto será hacia la analítica predictiva. Necesitamos modelos más potentes, apoyados en tecnologías avanzadas, que nos permitan cruzar información y anticipar necesidades. La analítica de datos ya ha demostrado su capacidad para detectar patrones de comportamiento, preferencias y motivaciones, además de anticipar necesidades formativas y factores de decisión sobre el lugar de trabajo.

Y a largo plazo, una de mis mayores inquietudes es cómo nos adaptaremos al nuevo paradigma del trabajo, marcado por la convivencia de la inteligencia artificial con la fuerza laboral humana y cómo esa nueva realidad afectará frontalmente a la manera de retribuir personas. En algunas industrias hace décadas que los seres humanos trabajan con normalidad con robots y, en pocos años, esta penetración se hará realidad a nivel global. Cómo ayudemos desde las direcciones de personas en esa transición será una labor de relevancia extrema, no solo en nuestras organizaciones, sino como responsabilidad social.

Mi ambición siempre ha sido anticipar el futuro para mejorar la vida de las personas y la rentabilidad de nuestros negocios en el presente. Y, por encima de eso, conseguir que las personas que me rodean piensen, sientan y digan con frecuencia las cuatro palabras mágicas: ¡Me gusta estar contigo!

5. De la élite a la democratización de los beneficios. La transformación de los beneficios sociales en las organizaciones

Ana Matarranz
Alta directiva, consejera independiente y *strategic growth partner*

1. El choque generacional como catalizador del cambio

En una tarde de primavera de 2025, Marta, una ejecutiva *senior* de 50 años con más de dos décadas de experiencia en puestos directivos, observaba perpleja cómo su hija Mencía, de 23 años, rechazaba una oferta de trabajo que, en apariencia, era inmejorable. El puesto, en una prestigiosa multinacional, ofrecía un salario competitivo y beneficios tradicionales como seguro médico y plan de pensiones. Sin embargo, para Mencía faltaba algo fundamental: un programa integral de bienestar que incluyera apoyo a la salud mental y a la flexibilidad laboral.

«Mamá, no puedo trabajar en una empresa que no entienda que mi bienestar mental es tan importante como mi salario», explicó Mencía. Para

Marta, formada en una época donde los beneficios sociales siempre habían sido un extra reservado a posiciones *senior* y como un complemento salarial que ofrecía estabilidad y seguridad, la decisión parecía incomprensible. Marta aún recordaba uno de los consejos que le había dado su padre —abuelo de Mencía— en su primer trabajo: «no preguntes sobre el horario ni por las vacaciones..., lo importante es meter la patita en una buena empresa».

Para su hija, los beneficios no eran opcionales: eran una declaración de los valores y el propósito del empleador. Este momento marcó un punto de inflexión en su manera de entender el trabajo y refleja de manera precisa la transformación radical que están experimentando las organizaciones en materia de beneficios sociales.

Esta anécdota familiar, lejos de ser un caso aislado, refleja un cambio profundo en las expectativas de las personas hacia el trabajo y las organizaciones. Los beneficios sociales, que alguna vez fueron privilegios reservados para las élites, ahora son un componente esencial en la vida laboral. Más que simples incentivos, son el lenguaje universal que conecta generaciones, traduce aspiraciones y construye un futuro compartido.

Esta tendencia global se confirma en diversos estudios que indican que más de tres cuartas partes de los profesionales de la generación Z consideran los beneficios de bienestar mental como un factor no negociable en su decisión de aceptar un empleo.

2. Un viaje histórico hacia la democratización

Raíces antiguas de los beneficios sociales

El concepto de beneficios sociales tiene sus raíces en la reciprocidad. En la antigua Roma, los beneficios eran privilegios otorgados a ciudadanos destacados, como soldados y líderes, en agradecimiento por sus servicios.

Estos beneficios incluían tierras, provisiones y ventajas fiscales diseñados no solo para recompensar, sino también para fomentar la lealtad al imperio. Este principio de dar y recibir sentó las bases de lo que siglos después se trasladaría al ámbito laboral.

Durante la Edad Media, los gremios medievales ofrecían una forma primitiva de beneficios sociales al proteger a sus miembros con sistemas de apoyo en caso de enfermedad, vejez o muerte. Así se gestó el origen de lo que más tarde serían los seguros sociales.

El impacto de la Revolución Industrial

Con la Revolución Industrial, el crecimiento de las fábricas impulsó la aparición de sistemas rudimentarios de beneficios en Europa y Estados Unidos. Las empresas comenzaron a ofrecer vivienda y atención médica básica a sus trabajadores. Sin embargo, estos beneficios no eran un acto de generosidad, eran estrategias de control. En Inglaterra, por ejemplo, los propietarios de fábricas ofrecían alojamiento y servicios médicos a sus trabajadores como modo de garantizar que los empleados estuvieron cerca del lugar de trabajo y fueran más productivos.

A finales del siglo XIX, surgieron las primeras iniciativas de seguridad social institucionalizada. En 1988, Otto von Bismarck, canciller de Alemania, implementó un sistema estatal de pensiones para trabajadores mayores de 65 años, aunque pocos llegaban a esa edad debido a la baja esperanza de vida. Este modelo sentó las bases para los sistemas modernos de seguridad social en Europa. En España, figuras como el conde de Romanones, Álvaro Figueroa marcó un hito en 1919 al implementar el retiro obrero, considerado el inicio del sistema de protección social en el país.

El siglo XX: del privilegio a la necesidad

En este siglo se aceleraron los cambios. En 1935, la Ley de Seguridad Social en Estados Unidos introdujo sistemas de pensiones, seguros de desempleo y en general ayudas para familias en dificultades. Aunque estas medidas buscaban paliar los efectos de la Gran Depresión, se convirtieron en pilares fundamentales del bienestar social.

En Inglaterra, el modelo Beveridge consolidó el estado del bienestar, garantizando la educación, la salud y también seguridad económica para todos los ciudadanos. Sin embargo, los beneficios más avanzados —como seguros privados de jubilación o planes complementarios— aún estaban reservados para las élites corporativas: altos directivos de grandes multinacionales o empresas cotizadas. En España, el panorama comenzó a cambiar en la segunda mitad del siglo XX.

La globalización y la competencia por el talento empujaron a las organizaciones a extender estos beneficios a toda la plantilla. Las grandes corporaciones crearon entornos sociales para sus empleados: Fenosa en Cebreros, Sniace y Solvay en Torrelavega (Cantabria), Iberduero en Bilbao o EMT en Madrid. Estas compañías ofrecían viviendas —chalés para directivos y pisos más modestos para el resto— y economatos para todos, marcando el inicio de una nueva era.

A finales del siglo pasado, la innovación permitió que muchas pequeñas y medianas empresas empezaran a ofrecer beneficios que hasta entonces parecían exclusivos de grandes corporaciones. Comenzaron a diseñarse soluciones más flexibles, adaptadas a las necesidades individuales de los empleados, lo que marcó un avance decisivo hacia la democratización de los beneficios sociales. Este cambio no solo fue económico, sino también cultural. A medida que las generaciones más jóvenes ingresaban al mercado laboral, cuestionaban el contrato laboral, y también psicológico, es decir, el *statu quo*, exigiendo más flexibilidad, bienestar y alineación con sus valores. Los beneficios dejaron de ser un extra para convertirse en una declaración de compromiso y propósito.

La consolidación de España en la Unión Europea marcó un antes y un después en la sociedad y en el mercado laboral del país, con profundas transformaciones económicas, sociales y culturales. El acceso a fondos europeos permitió modernizar infraestructuras, el sistema educativo y fomentar la movilidad internacional. Las becas Erasmus y becas internacionales, hicieron que se cambiara la visión del trabajo, con generaciones mucho más conectadas con las tendencias europeas y mundiales, que introdujeron valores como la diversidad, la sostenibilidad y la conciliación laboral en las conversaciones organizacionales.

La tecnología que comenzó a democratizarse en las últimas décadas del siglo XX aceleró su impacto con la llegada de internet, rompió barreras tradicionales y conectó a España con el mundo. Hoy la globalización permite a los trabajadores de todas las edades colaborar en tiempo real con equipos de cualquier país. Exportar talento e importar ideas.

Las herramientas digitales han redefinido el concepto de lugar de trabajo, las expectativas de los empleados de cualquiera de las generaciones, quienes están demandando beneficios sociales con los estándares internacionales.

En este sentido, la tecnología se ha convertido en catalizador del cambio y en puente intergeneracional, capaz de conectar culturas, edades y geografías. Impulsa organizaciones más inclusivas y colaborativas, independientemente de la edad.

3. El salto de *client first* a *people first* en un contexto laboral multigeneracional

Durante años, en el modelo *client first,* los beneficios sociales y las políticas internas se diseñaban de manera uniforme, sin considerar las prioridades generacionales. Este enfoque funcionaba en entornos homogéneos, pero hoy resulta insuficiente ante un entorno laboral donde conviven hasta cinco generaciones, cada una con expectativas distintas respecto a los beneficios que valoran.

El modelo *people first* parte de un principio diferente: reconoce que no todos los empleados son iguales y que sus necesidades varían considerablemente. Las prioridades de un *baby boomer* no son las mismas que las de un miembro de la generación Z, y las organizaciones están llamadas a repensar sus estrategias para responder a esta diversidad. Un recorrido generacional por las nuevas prioridades:

- ***Baby boomers* (1946-1964):** para esta generación, el trabajo es sinónimo de estabilidad y protección, valoran los beneficios tradicionales, los planes de pensiones y seguros médicos son prioritarios para garantizar una jubilación tranquila. Durante su vida laboral, vivieron la transición de los planes de prestación definida a los planes de aportación definida, un cambio que trajo incertidumbre, pero también una mayor responsabilidad individual en la planificación financiera.
- **Generación X (1965-1980):** incorporó demandas de flexibilidad para buscar equilibrio entre sus responsabilidades laborales y familiares. En un momento en el que se tomó conciencia de los bajos niveles de natalidad, los Gobiernos comenzaron a insistir en la conciliación y los jóvenes empezaron a cuestionar tanto las promesas no cumplidas como las largas horas de trabajo de la generación anterior. Para los GenX, los horarios adaptados y la formación continua tienen especial valor. Es el caso de Marta, de 50 años, que

sabe que estar al día en conocimientos y habilidades es clave para su progreso y empleabilidad y aprecia el teletrabajo y la posibilidad de ajustar sus horarios para estar presente en las actividades escolares de sus hijos.

- ***Millennials* (1981-1996):** a menudo tildados de privilegiados o incluso de ninis, hoy muchos *millennials* lideran organizaciones y están redefiniendo el contrato laboral. Buscan beneficios alineados con su propósito personal y reclaman programas de bienestar, teletrabajo, formación continua y tiempo de ocio. A esta edad se prioriza mucho los beneficios que apoyan su salud mental y su crecimiento profesional, así como el acceso a subsidios para actividades deportivas, formación en liderazgo y experiencias internacionales
- **Generación Z o *zers* (1997-2012):** son nativos digitales y multiculturales que llegan al mundo laboral con la experiencia internacional en la mochila. Han estudiado fuera o han trabajado en el extranjero, y confían más en sí mismos que en el sistema porque les han contado que la Seguridad Social puede hacer aguas. Estos jóvenes esperan que los beneficios sean personalizados y reflejen valores como la sostenibilidad y la inclusión. Para Mencía, de 23 años el cuidado de la salud mental y la flexibilidad es un *must* y además busca empleadores que ofrezcan transporte sostenible, voluntariado ambiental y social y formación tecnológica avanzada. Además, nunca en España hubo tantos jóvenes de nacionalidades tan distintas, lo que impulsa la diversidad todavía más.
- ***Perennials:*** término acuñado por Gina Pell[1], describe a personas de todas las edades que valoran el aprendizaje continuo el aprovechamiento del conocimiento que hay en internet y la conexión emocional con otras generaciones, independientemente de su edad. Luis, de 60 años, disfruta trabajar en una organización que aprovecha sus conocimientos y experiencia, fomenta su desarrollo profesional y le permite mantenerse relevante y comprometido. No tienen hijos pequeños, aunque quizá tengan hijos de posteriores matrimonios, pero es casi seguro que protejan a mayores dependientes.

En este contexto, la tecnología y, en particular, la inteligencia artificial generativa, está jugando un papel crucial en el diseño y la implementación de beneficios sociales. Según Peter Diamandis, «las tecnologías exponenciales no solo mejoran lo existente; redefinen lo que es posible»[2]. Organizaciones como Google ya utilizan IA para personalizar en tiempo real los beneficios de sus empleados. Así, un trabajador que prioriza su salud mental puede acceder inmediatamente a terapias virtuales, mientras que otro enfocado en su desarrollo profesional recibe propuestas de formación especializada adaptadas a su perfil. La personalización es solo el principio. La IA generativa permite también anticipar tendencias y necesidades futuras. Mediante algoritmos predictivos y aprendizaje automático (*machine learning*), las empresas pueden detectar qué beneficios serán más valorados en los próximos años. Esto es clave en un entorno donde las expectativas evolucionan a gran velocidad, y donde las generaciones más jóvenes priorizan valores como la sostenibilidad, la inclusión y la flexibilidad. La sostenibilidad, de hecho, se ha convertido en un eje central de los beneficios sociales. Empresas como Patagonia lideran este cambio al ofrecer beneficios que impactan tanto en el bienestar de sus empleados como en el del planeta, generando un fuerte sentido de orgullo de pertenencia. Estas organizaciones han incorporado iniciativas como días remunerados para voluntariado ambiental, incentivos para el uso de transporte sostenible o políticas de consumo responsable. Estas acciones no solo refuerzan el propósito corporativo, sino que también fortalecen la conexión emocional entre las personas y sus lugares de trabajo.

4. Hacia un futuro de personalización y sostenibilidad

En este escenario, la convergencia tecnológica también está transformando los beneficios sociales. Herramientas como el *blockchain* se utilizan para garantizar la transparencia en los planes de pensiones, ya que eliminan intermediarios y devuelven el control a los empleados. Por su parte, la realidad virtual y la realidad aumentada están generando nuevas formas de bienestar, desde entrenamientos inmersivos hasta terapias virtuales que promueven la salud mental en entornos personalizados. Estas tecnologías, combinadas con el poder de la inteligencia artificial, redefinen lo que significa cuidar de los empleados en un mundo conectado.

El modelo café para todos tiene los días contados, es un paso más, la personalización de la personalización. El futuro de los beneficios sociales apunta hacia una integración total de personalización, sostenibilidad y tecnología. Según Satya Nadella, CEO de Microsoft, «el propósito de la tecnología es empoderar a las personas». Esto se traduce en ecosistemas donde los empleados no solo reciben beneficios, sino que también tienen el poder de diseñarlos según sus necesidades y valores personales. En este contexto, el bienestar deja de ser un programa estático y se convierte en una experiencia dinámica, adaptada y en constante evolución sin que sea una disculpa para no hacerlo la compleja administración, porque las tecnologías y su capacidad de minuciosa gestión pueden con ello.

Las exigencias actuales hacen que hoy en día, los beneficios sociales más valorados incluyan el *wellbeing*, programas de salud mental y actividades deportivas, seguros médicos privados, flexibilidad laboral, sostenibilidad mediante transporte ecológico y voluntariado, y formación continua para fomentar el desarrollo profesional. Estas prácticas no solo aumentan la productividad y reducen la rotación, sino que también construyen culturas organizativas donde las personas se sienten valoradas y ven atendidas sus necesidades particulares. A cada uno lo suyo.

Conclusión: un puente entre generaciones

Como señala Simon Sinek en *The Infinite Game*[3], «las empresas que piensan en el largo plazo, que priorizan a las personas y el propósito por encima de las ganancias inmediatas, siempre prevalecerán». Marta y su hija Mencía representan dos generaciones con prioridades diferentes, pero conectadas por un elemento común: la búsqueda de un entorno donde puedan prosperar. Los beneficios sociales son el puente que conecta sus aspiraciones y construye un futuro compartido.

La revolución tecnológica la estamos viviendo ahora, pero la próxima gran transformación será aún más profunda: afectará a la forma en que trabajamos, nos relacionamos y entendemos el éxito empresarial. Las organizaciones que lideren este cambio estarán no solo a la vanguardia de la transformación, sino al frente de una nueva era basada en la conexión, el propósito y la sostenibilidad.

Parte 2

PRODUCTIVIDAD

6. Teletrabajo productivo y generacional, ¿impacto en el absentismo?

Alberto Iglesias
Vicepresidente de AdiReLab y director de RR. HH. de Prosegur en Iberia

Durante la pandemia, la vorágine legislativa vinculada al ámbito laboral demostró que nuestra normativa contenía, y contiene, mecanismos de flexibilidad que permitieron hacer frente a una crisis ocasionada por un agente externo a la realidad económica, el COVID-19. Fue quizás esta ajenidad, y el impacto que dicho virus tuvo sobre todos los niveles sociales, lo que permitieron que cada una de las medidas laborales que se adoptaron durante la pandemia surgieran del consenso entre todos los agentes sociales.

Asimismo, y por primera vez, entendimos a qué se refiere la «extraordinaria y urgente necesidad» del artículo 86 de la Constitución que habilita al Gobierno para dictar decretos-leyes, herramienta legislativa que, con carácter general, se utiliza de forma frecuente y, por tanto, indebida.

Tras dicha crisis la mayoría de las citadas medidas de índole laboral, adoptadas con carácter transitorio, se han perpetuado en nuestra legislación social principalmente a través del Real Decreto-ley 32/2021, de 28 de diciembre, de medidas urgentes para la reforma laboral, la garantía de la estabilidad en el empleo y la transformación del mercado de trabajo.

Así, los modelos de ERTE por la COVID-19 han supuesto la modificación de este mecanismo por fuerza mayor, la creación del Mecanismo RED de Flexibilidad y Estabilización del Empleo, y el refuerzo de la figura contractual fija discontinua frente el abuso de la temporalidad por parte de nuestro tejido empresarial.

Sin embargo, en mi opinión, si tuviéramos que destacar una medida laboral como la clave de bóveda de contención de la crisis sanitaria desde el ámbito laboral, esa sería, sin lugar a duda, el teletrabajo. A tal efecto, este mecanismo fue implementado por primera vez, a nivel estatal, por el Real Decreto-ley 8/2020, de 17 de marzo, de medidas urgentes extraordinarias para hacer frente al impacto económico y social de la COVID-19, estableciendo el carácter preferente del trabajo a distancia como medida de contención frente al avance la pandemia y, al mismo tiempo, como instrumento de garantía para la continuidad de la actividad empresarial y las relaciones laborales.

Herramienta que, sin lugar a duda, tuvo una gran acogida entre la población, ya que un 40 % de las personas trabajadoras prestaron servicios desde su domicilio y, tal y como muestra la siguiente infografía de Statista, basada en un estudio realizado entre el 6 y el 8 de abril de 2020 por la consultora de investigación de mercados El Departamento y Netquest. Asimismo, el 71 % de las personas que estaban teletrabajando durante esas fechas calificó la experiencia como buena o muy buena y le otorgó una nota de 7 o más puntos.

A tal efecto, a pesar de su carácter laboral, el teletrabajo tuvo un enorme impacto para la contención de la pandemia, evitó la transmisión del virus y desde un punto de vista jurídico la herramienta demuestra su importancia al ser el primer instrumento-jurídico COVID que cristalizó en nuestro ordenamiento, incluso cuando dicha crisis aún estaba en uno de sus puntos más álgidos; así, el Real Decreto-ley 28/2020, de 22 de septiembre, supuso el germen de la actual Ley 10/2021, de 9 de julio, de trabajo a distancia.

1. Teletrabajo y edad

Desde su implementación se han escrito innumerables estudios sobre dicha figura jurídica, en especial, en referencia a su regulación en las empresas, pues existen posturas enfrentadas sobre si sus beneficios en materia de flexibilidad y conciliación de la vida laboral y familiar impactan positiva o negativamente en la productividad.

A tal efecto, resulta interesante desgranar este conflicto desde una perspectiva generacional y realizar un breve análisis sobre si el teletrabajo es usado, deseado e igualmente beneficioso para todas las generaciones de personas trabajadoras.

En este sentido, podríamos enumerar una serie de aspectos que hacen diferente la actitud de cada generación hacia el trabajo a distancia y de los que podríamos sacar conclusiones útiles para una implementación más ventajosa:

- **Adaptación a las nuevas tecnologías.** Las generaciones Y y Z, en su mayoría nativos digitales, manejan las herramientas tecnológicas con mucha mayor soltura, mientras que las generaciones más mayores están en riesgo de sufrir la brecha tecnológica que les pondría por detrás en cuanto a productividad.

  La formación resulta clave para el desarrollo de habilidades en el uso de videollamadas, manejo de plataformas colaborativas, etc., aunque bien es verdad que las personas trabajadoras de más edad han hecho su carrera profesional a la vez que se ha desarrollado la informática por lo que es probable que su adaptación a las nuevas tecnologías sea sencilla.

- **Cultura.** Las personas más jóvenes desean flexibilidad en todos los aspectos, lo que les hace más adeptos al trabajo fuera del centro de trabajo. Los *baby boomers* y los X, más acostumbrados y acostumbradas a las jerarquías, prefieren el trabajo presencial. Esta circunstancia se hace más crítica cuando las personas mayores dirigen jóvenes, generándose un conflicto donde la productividad se confunde con la presencialidad.

  Estructurar horarios de oficina y encuentros presenciales puede ayudar a proteger la cultura de la empresa que podría deteriorarse por el uso excesivo del teletrabajo. Estos encuentros, y otros no necesariamente presenciales, pueden aprovecharse para que cada generación enseñe a las otras sus habilidades (tecnológicas para los *seniors* y relacionales para los jóvenes).

- **Aquí y ahora.** El correo electrónico, la mensajería instantánea, las redes sociales, etc., que tanto se usa cuando se teletrabaja son muy utilizadas por las personas más jóvenes que viven en la inmediatez, mientras que los más mayores tienen preferencia por el teléfono y el cara a cara, aunque ello implique un retraso en la obtención del resultado. Muchas veces, dicha inmediatez y celeridad en la obtención de una respuesta se traducen en una falta de compromiso y en la pérdida de la cultura de empresa.

  Restricciones con sentido común en el uso de dichos medios digitales, la formación en el uso de la mensajería y sensibilizar en las preferencias de los demás, son líneas de actuación que las empresas deben incluir en sus políticas de transformación cultural con la finalidad de compatibilizar la inmediatez de las nuevas generaciones con el sentimiento de pertenencia de las personas de mayor edad.

- **Productividad.** Las personas más jóvenes están orientadas a una metodología de resultados basada en *key performance indicator* —indicadores clave de rendimiento, KPI—; mientras que las generaciones mayores, sobre todo los *baby boomers*, lo están más a criterios subjetivos y de más difícil medición, como el esfuerzo y la dedicación.

  La productividad no se ve perjudicada por el teletrabajo cuando los resultados son medibles, sin embargo, sí dificulta el control de aquellos puestos cuyas funciones no son ponderables; en estos supuestos resultarán fundamentales las políticas de control de las empresas que, en todo caso, deberás respetar el derecho a la intimidad de las personas trabajadoras.

- **Inteligencia artificial.** Esta nueva herramienta tecnológica, cuyo avance ha sido exponencial en los últimos años, puede incrementar la brecha tecnológica entre las distintas generaciones, e impactar en la productividad de unos y otros. Posiblemente, aún no somos capaces de predecir cuál va a ser la repercusión.

No obstante, si le preguntamos a la propia IA[1] cuál puede ser su impacto en la brecha digital entre generaciones nos responde con consecuencias positivas y negativos, indica que unas u otras dependerán de «cómo se implemente y se aborden los desafíos asociados».

mi modesta opinión, la respuesta es positiva, es decir, dicho mecanismo, al igual que la mayor parte de las medidas laborales que tan buenos resultados tuvieron durante la crisis, debía haberse consolidado en nuestra legislación mediante las modificaciones correspondientes de la normativa relativa a la incapacidad temporal.

En definitiva, el teletrabajo podría haberse regulado en nuestro ordenamiento jurídico como una medida de posible aplicación por los Servicios Públicos de Salud, como alternativa no solo al denominado reposo domiciliario, sino también a aquellas situaciones que, a día de hoy, dan lugar a una baja médica, pero que, por la tipología de la enfermedad y la actividad realizada por la persona trabajadora, permitirían a esta prestar servicios desde su domicilio.

Es evidente que dicha medida puede aplicarse en aquellos sectores u ocupaciones cuya prestación de servicios se desarrolla principalmente en los centros de trabajo, sin desplazamientos habituales, además es en estos sectores en los que los índices de absentismo son más reducidos, tal y como se puede observar en gráfico 6.1.

Gráfico 6.1 Los 10 sectores con menor absentismo en el segundo trimestre de 2024

Fuente: Informe de Randstad.

Sin embargo, a pesar del bajo impacto que esta medida podría tener en aquellos sectores que ocupan los mayores porcentajes de absentismo —por encima del 6.6 %— (actividades de juegos de azar y apuestas, industria del tabaco, actividades postales y de correos, asistencia en establecimientos residenciales, servicios a edificios y actividades de jardinería, etc.), su introducción en nuestro sistema de gestión de la incapacidad temporal tendría un impacto positivo en el control de esta importante barrera para el crecimiento de nuestra economía.

Por lo que respecta a la incidencia según la edad habrá que tener en cuenta que los procesos de absentismo en tramos de mayor edad suponen un importante porcentaje sobre el total, lo que unido al continuo envejecimiento de la fuerza productiva, como consecuencia del postergamiento continuo de la edad de jubilación, provoquen la tormenta perfecta para que, en las próximas décadas, dichos procesos en la población mayor de 55 años se duplique, y provoque que el previsible ahorro por el retraso en el derecho a la citada prestación se esfume como consecuencia del incremento del gasto por el coste de la incapacidad temporal. Sin embargo, esta fuga de ingresos podría verse reducida si se introduce el teletrabajo como instrumento dentro de la incapacidad temporal, más si cabe, si se considera que el relevo generacional implica un aumento en la población activa de los sectores cuya prestación de servicios se realiza en los centros de trabajo.

En este sentido, es preciso destacar que, de conformidad con la *Encuesta sobre equipamiento y uso de tecnologías de información y comunicación (TIC) en los hogares*, publicada en noviembre de 2024 por el Instituto Nacional de Estadística (INE), el 15.1 % de los ocupados en España de 16 a 74 años teletrabajó en 2024. Por tanto, podríamos afirmar que, aproximadamente, un 20 % de las personas trabajadoras podrían estar incluidas dentro del ámbito funcional de esta medida.

Si tenemos en cuenta que la duración media de los procesos finalizados por contingencias comunes, asociados a los trabajadores por cuenta ajena en el ejercicio 2023, ascendió a 36.26 días (conforme al *Informe de la Asociación de Mutuas de Accidentes de Trabajo* publicado en abril de 2024), y que, de acuerdo con el mismo estudio, el coste total estimado del absentismo por las citadas contingencias se incrementó hasta los 25 326.65 millones de euros —lo que supone un incremento del 17.65 % respecto al ejercicio 2022 y un aumento del 149.61 % respecto a 2015—, es evidente que cualquier modificación en el sistema de gestión de las incapacidades temporales que pueda reducir la media de estos procesos implicaría una importante reducción de su gasto.

Gráfico 6.2 Coste en prestaciones económicas de seguridad social + coste empresa indirecto ITCC (en millones de €)

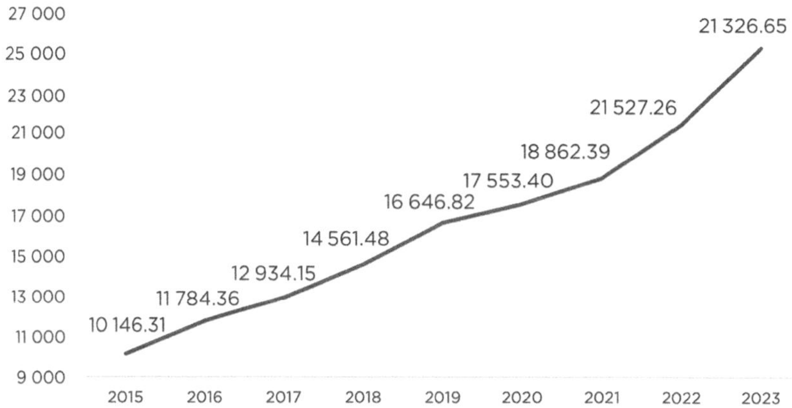

Fuente: Informe de Randstad.

En definitiva, el breve resumen que he expuesto sobre la posibilidad de incluir el teletrabajo en la gestión de los procesos de incapacidad temporal no tiene como finalidad la defensa a ultranza de esta medida, sino hacer nacer un debate sobre su posible implementación que pueda dar lugar a estudios más metódicos, tanto desde la perspectiva cualitativa como cuantitativa, en relación con sus beneficios y perjuicios. Eso sí, partiendo de la base de que su aplicación fue posible durante la pandemia y de que en las últimas décadas no se ha realizado ningún cambio disruptivo en esta materia que frene el continuo incremento de su gasto público y privado.

A los meros efectos de conclusión, en mi opinión, la figura jurídica del trabajo a distancia debe abandonar el simple debate sobre su impacto en la productividad ya que su efecto sobre esta dependerá de la correcta implementación que hagan las empresas, la cuales deben tener en cuenta la distinta visión que tiene cada generación de dicha forma de trabajo, siendo este el primero de los principales desafíos que puede hacer que la mencionada productividad se vea o no afectada. Además, el teletrabajo es una medida que puede ayudar a resolver otros problemas de productividad, en sentido macroeconómico, como es el absentismo.

7. Maridaje de experiencia y juventud en la era digital

César Calleja
Socio responsable de Consulting de PwC

1. Evolucionamos gracias al desafío

La búsqueda de mejores condiciones de vida y la supervivencia del ser humano en un medio que a menudo le ha resultado hostil está ligada al desarrollo tecnológico y ha estado presente desde los inicios del proceso de hominización hace millones de años.

En sus orígenes, las muestras del desarrollo tecnológico fueron tan primitivas como los utensilios obtenidos a partir de huesos y piedras empleados para golpear y cortar. No fue hasta transcurridos varios milenios cuando el *Homo erectus* aprendió a distinguir unas piedras de otras, seleccionándolas en función de sus características y el propósito al que estaban destinadas. Con el tiempo vendrían mejoras en el proceso de fabricación, como sucedió con el uso del fuego y los metales.

Desde el Paleolítico hasta nuestros días el progreso tecnológico se ha producido de manera progresiva e ininterrumpida. Esta realidad nos ha impulsado a investigar, experimentar, descubrir, inventar y errar, lo que ha dado lugar a un proceso virtuoso de acumulación de conocimientos y creatividad en la aplicación práctica de los mismos. Cuando en un periodo de tiempo han confluido profundas transformaciones en áreas tales como la tecnológica, económica, social y cultural, decimos que se ha producido una revolución industrial.

La Primera Revolución Industrial de la Edad Contemporánea surgió en la Inglaterra de la segunda mitad del siglo XVIII. Supuso el paso de una sociedad rural a otra industrial, caracterizada por la mecanización de las tareas manuales. Fue a finales del siglo XIX cuando llegó la Segunda Revolución, distinguida por el uso intensivo de la electricidad y la producción en cadena en las fábricas. La Tercera Revolución o Revolución digital comenzó a mediados del siglo XX y es conocida por las transformaciones derivadas del uso de las computadoras y las redes de telecomunicaciones. Ahora estamos inmersos en la Cuarta Revolución Industrial o Revolución 4.0, cuya principal característica es la interconexión entre los mundos físico y digital.

Si bien la intensidad del cambio ha sido irregular en este largo recorrido, siempre ha venido acompañado por un desafío continuo, ya fuera para realizar nuevos descubrimientos, para integrar los mismos en la rutina diaria, para divulgar el conocimiento adquirido o para desarrollar el talento encargado de dar el siguiente salto. Estos, conocimiento y talento, solo han sido posibles gracias a la simbiosis entre la pericia de la madurez y la sana osadía de la juventud.

A efectos de lo que queremos mostrar en este capítulo, lo interesante es que, en aquellos grupos, tribus de la Prehistoria, cada miembro desempeñaba un rol en función de su edad y género. Los niños maduraban rápido cuando aprendían a realizar tareas como la caza, siempre bajo la tutela y enseñanza de los individuos más experimentados, considerados estos como depositarios del conocimiento grupal. Este patrón, que consistía en conferir un lugar privilegiado a los mayores que reconocía su sabiduría, se ha repetido en numerosas ocasiones a lo largo de la historia: en la Grecia clásica, con sus bien conocidos consejos de ancianos, en la antigua Roma y en el florecimiento de Occidente. La transferencia de conocimiento de mayores hacia jóvenes, junto con el deseo de estos por aprender y progresar ha guiado siempre el camino de nuestra evolución.

2. La revolución que vivimos

Podemos afirmar que la Cuarta Revolución Industrial se trata de una evolución acelerada de las novedades surgidas décadas antes, durante la Revolución digital. El factor diferenciador es la eficacia y eficiencia de las tecnologías existentes gracias a su maduración y al abaratamiento de sus costes: las redes de telecomunicaciones han disparado la velocidad de transmisión (internet es ahora 10 000 veces más rápido que en 1995), el coste de almacenamiento se ha reducido dividiéndose por 38 000 desde 1992, nuestros teléfonos móviles superan la capacidad de computación que tenía la NASA en 1969 cuando el hombre pisó por primera vez la Luna, etc. Los ejemplos son numerosos y todos nos llevan a concluir que jamás hemos presenciado una etapa en la cual la tecnología haya tenido un papel tan determinante como el actual en la transformación del hábitat en el que vivimos.

Esta revolución trae consigo profundos cambios que pueden pasar desapercibidos aun cuando causan un profundo impacto:

- La velocidad de aparición de nuevas tecnologías y su desarrollo es vertiginoso. Buenos ejemplos son lo ocurrido con el teléfono, el reloj o el vehículo autónomo. También lo son los conceptos de inteligencia artificial generativa, *blockchain*, *cloud computing*, automatización de procesos, gemelos digitales, metaverso, supercomputación, energías renovables y así un largo etcétera. Estamos inmersos en una carrera galopante por la innovación tecnológica que no solo ha afectado a la industria, sino también a la esfera personal.
- La digitalización y automatización de los procesos productivos nos lleva hasta niveles en los que la tecnología se integra con procesos, personas y organizaciones. Es la llamada Industria 4.0, que genera ingentes cantidades de datos que una vez procesados facilitan la mejora continua y posibilitan la prognosis aplicada y la toma de decisiones basada en análisis complejos. Somos espectadores de la fusión entre el mundo de los sistemas de gestión empresarial —IT de *Information Technology*— y los sistemas operacionales —OT de *Operational Technology*— produciéndose la conocida convergencia IT/OT. Es la fusión entre lo físico y lo digital.
- La irrupción de tecnologías como redes de banda ancha, internet, dispositivos móviles, encriptación y otras muchas, ha permitido el desarrollo de nuevos modelos de negocio antes inimaginables. Spotify, Google, Amazon, YouTube, Netflix, Facebook, Twitter, Uber, WhatsApp, Open AI y una larga lista triunfan gracias al lanzamiento de servicios que satisfacen las necesidades de usuarios

ávidos de mejora en sus hábitos de consumo, entretenimiento, movilidad y de relación con sus semejantes.

Todo ello tiene consecuencias no muy deseadas, como la polarización social entre colectivos, unos familiarizados con la tecnología y otros con dificultades de adaptación. Muchas personas mayores muestran menor capacidad que los jóvenes para la adopción de los continuos cambios poniéndose de manifiesto, por ejemplo, la baja penetración de aquellos de más de edad en la banca o la administración electrónicas. Se provoca así una brecha digital que se agravará a medida que los mundos físico y digital continúen convergiendo.

Según el *Global CEO Survey* publicado por PwC en 2024[1], entre las principales preocupaciones de los líderes empresariales se encuentra el impacto de la disrupción tecnológica y su papel destacado en la reinvención de los modelos de negocio. Son muchos los retos que tenemos aún por delante para seguir desarrollando nuevas tecnologías y reducir el coste de su aplicación práctica, como sucede con las redes 5G, *blockchain*, almacenamiento de energía, etc. En el mismo estudio de PwC citado, los CEO de las principales empresas del mundo manifiestan que la adopción de la IA generativa en sus compañías será uno de los grandes retos que afrontar en los próximos 3 años. En ocasiones, existen interdependencias entre unas y otras tecnologías, por lo que el avance solo es posible gracias al desarrollo en paralelo de todas y cada una de ellas.

Hay un único motor capaz de impulsar esta transformación, como lo ha sido desde el inicio del camino en este constante desafío: el talento venga de donde venga, donde el talento combinado de jóvenes y mayores es más un producto de multiplicar que el resultado de la suma.

3. El talento tecnológico conjunto de jóvenes y mayores como respuesta al desafío

Las empresas se enfrentan a la realidad de tener trabajadores en sus plantillas que pertenecen a las cinco generaciones: generación Z, *millennials*, generación X, *baby boomers* y *perennials*. Todos desempeñan funciones y responsabilidades muy distintas dentro de la organización y podemos observar que, incluso entre perfiles de formación y experiencia inicialmente similares, existen diferencias muy marcadas. Algunos fueron pioneros en el uso de los ordenadores personales y en realizar los primeros accesos a internet a través de un módem; otros no conciben la vida sin conexión de datos ni las relaciones personales sin redes sociales.

Cada generación aporta su activo de formas tan variadas como la capacidad de innovación, de adaptación al cambio, la vocación de emprendimiento, la autoexigencia, la resiliencia, la impaciencia, la conciencia social, la serenidad, la pasión, el inconformismo, el trabajo en equipo y el individualismo. Todas estas cualidades y más, sin consideraciones de edad, son necesarias para llevar a las empresas al siguiente escalón del desarrollo técnico. El reto se encuentra en facilitar esta convivencia generacional para conseguir el máximo retorno de ella.

Cada día hay más convencimiento de que el talento, aunque se manifiesta de forma distinta, no tiene edad. Los jóvenes y los mayores se acercan a la tecnología cada uno a su manera, lo cual no significa que esto no se deba aprovechar. Precisamente en esta diversidad en el uso de las tecnologías reside una gran oportunidad de innovar y progresar, y todo indica que estos modos de acercamiento son complementarios. El joven se acerca a la tecnología con osadía, sin temor, con ganas de experimentar, incluso como un desafío de hasta dónde se puede llegar. El mayor lo hace con la curiosidad de «para qué sirve esto» y si no percibe utilidad no le interesa. Ya decía Golberg que el joven responde a la pregunta «qué es esto» y el mayor a la de «para qué sirve esto».

La Cuarta Revolución nos trae la fiebre del dato, tesoro digital este que adquiere un valor muchas veces inexplicable. La tecnología posibilita la captura y almacenamiento de grandes volúmenes de datos, los cuales por sí mismos carecen de sentido. En el momento de procesarlos bajo un contexto y objetivos concretos es cuando se transforman en información, que sí es útil, sirve para la toma de decisiones. Ahora bien, la abundancia de datos, y a la postre el exceso de información, generan como resultado desinformación. Solo a través de la capacidad intelectual y la experiencia la información puede ser valorada, seleccionada e interpretada, para dar lugar al conocimiento.

En este sentido, la experiencia en la empresa está dando señales de que la gestión conjunta de la actitud de jóvenes y mayores hacia la tecnología produce efectos positivos siempre que se tenga en cuenta que:

- Los jóvenes digitales generan y acceden a una multitud de datos con facilidad. En un mundo digital donde los datos son muchos (volumen), muy diversos (variados) y se obtienen de forma muy rápida (velocidad), el análisis de datos es el territorio idóneo para los jóvenes.
- Los mayores, que no hay que olvidar que han desarrollado su carrera en paralelo con el nacimiento y desarrollo de las tecnologías y adaptándose a ellas, por su experiencia tienen mayores posibilidades de interpretar, cribar lo esencial de la información (los datos) y, de esta manera, convertirla en conocimiento.
- Los jóvenes entienden las nuevas tecnologías mucho antes que los mayores, pero requieren de estos últimos para poner racionalidad al desplegarlas con un *bussines case*. Esto está pasando con la IA generativa en sus diferentes adopciones y otros muchos desarrollos tecnológicos que por sí mismos son espectaculares, pero que usados sin un fin de negocio son costosos, no resultan útiles y además distraen.

En una era en la cual el saber adquirido está a un clic de distancia, ya no es suficiente solo con el conocimiento del individuo. Hoy son precisos el talento individual y el colectivo, entendidos como la capacidad de crear, colaborar y movilizar a otros para hacer que las cosas ocurran. Esta circunstancia implica la necesidad de abordar cambios en cuanto al modo de formar, reclutar, organizar y retener a los profesionales encargados de seguir liderando la revolución. En nuestra experiencia en el despliegue de tecnologías hemos observado que resulta valioso:

- Que el liderazgo en nuevas tecnologías como la IA generativa debe estar en manos de un *senior* que motive a los más jóvenes y direccione sus ideas.
- Que en los encuentros con clientes es aconsejable la presencia tanto de jóvenes como de mayores por la aportación de aquellos y la monitorización de sus aportaciones por estos.

De los jóvenes se espera la adopción rápida, la novedad y la creatividad. Ahora bien, al referirnos a la visión de negocio, salvo excepciones, esta es poseída por quien ha tomado muchas decisiones de negocio. Mirar más allá del corto plazo para saber qué decidir hoy, no parece aconsejable delegarlo en el joven que siempre es más cortoplacista. Además, quienes están en mejor posición para proteger la reputación, el valor e, incluso, las responsabilidades penales de la empresa son los profesionales de más visión estratégica y conocimiento del mercado, las leyes de la competencia, la regulación, etc., y estos son los mayores.

4. Necesidad de talento *senior*

El ritmo acelerado de la revolución que vivimos pone de manifiesto una carencia dramática de profesionales tecnológicos. DigitalES —asociación de empresas tecnológicas— calcula que en 2024 el número de este tipo de profesionales necesarios en España en esta década asciende a 1.4 millones. No es extraño que, según la clasificación de LinkedIn «Empleos en auge» de 2024, el 50 % de los puestos más demandados estén relacionados con la tecnología.

Los gestores de la empresa se enfrentan también a la necesidad de admitir que se ha producido un cambio de paradigma: los profesionales jóvenes y, en especial, los dedicados al campo de la tecnología, no buscan ya un empleo remunerado, sino un marco de crecimiento personal y profesional, en el cual ser tratados como personas en lugar de como meros trabajadores, además, incluso cuando tienen muy buena formación son cortoplacistas y pecan a veces de mercenarios.

Por esto, me parece sensato recurrir al talento *senior*, *silver* en alusión al color de su pelo, como parte de la solución a este déficit. Volvemos a recordar que quienes ahora tienen 60 años y más maduraron mientras manejaban, desde sus inicios, los fundamentos básicos de codificación en los que se basan los modernos lenguajes de programación, han asistido a la evolución de las metodologías ágiles que se originaron en las metodologías iterativas de finales del siglo pasado, etc. Podemos afirmar que un correcto proceso de recapacitación puede habilitar a los profesionales mayores para obtener un buen desempeño en colaboración con los jóvenes. Además, muchos mayores ofrecen perfiles útiles y muy confiables: no ambicionan, no compiten, quieren formar y entrenar y no rotan. Incluso reciben de buena gana la oferta de carreras de desvinculación o de transición al retiro que permite dejar en la empresa el conocimiento que poseen.

5. Propuesta de valor para el joven tecnológico

El enfoque del proceso de contratación debe evolucionar del modelo clásico, en el que la empresa seleccionaba al trabajador, hacia un planteamiento en el que cada parte realiza una elección basada en sus propios criterios de coste-beneficio esperado.

Tradicionalmente las áreas de capital humano se han focalizado en la definición de procesos de recursos humanos —selección, formación, carrera, talento, desempeño, mentorización— y en la ejecución de estos, lo que convirtió esta tarea en el objetivo primordial y dejó a un lado el propósito original para el que fueron concebidos. Hoy en día, por encima del mapa de procesos, hay que prestar especial atención a la experiencia del empleado durante su ciclo de vida completo en la empresa.

La oferta debe responder a exigencias tales como:

- El diseño de un *employee journey* (viaje del empleado) atractivo que cubra el recorrido completo del empleado dentro de la empresa, desde su primer contacto con la misma hasta que la abandona.
- Este *employee journey* debe considerar que los jóvenes se sientan motivados cuando profundizan en sus capacidades a través de una formación que les aporte certificaciones y al participar en proyectos atractivos.
- El salario percibido no es solo económico. Aunque se dice con frecuencia, es cierto que el salario emocional complementa el dinero con horarios y lugar de trabajo flexibles, con planes de formación, con programas de conciliación y con políticas de bienestar.
- A través del trabajo, el empleado ambiciona satisfacer la búsqueda de un propósito vital que coincida con el de la compañía y con impacto en la sociedad y lo suficientemente desafiante. Estos profesionales no tienen por qué evolucionar hacia puestos de responsabilidad que impliquen una mayor componente de gestión. Al contrario, no desean tener equipos a su cargo, sino colaborar con semejantes que enriquezcan su experiencia.
- Son trabajadores *millennials* y de la generación Z. Se caracterizan por cierta impaciencia y la necesidad de inmediatez en todo lo que realizan —el tiempo de respuesta de pulsar un clic—, razón por la

que son cortoplacistas y no planifican sus carreras a largo plazo. Los resultados tienen que materializarse en el corto y la evaluación y *feedback* deben ser continuos, ya que son profesionales que necesitan sentirse apreciados.

- Todos ellos han crecido con el auge de las redes sociales, para quienes las relaciones personales juegan un papel central. Valoran en gran medida poder desarrollar relaciones, incluso de amistad, en el terreno profesional. Las actividades de ocio con los compañeros de trabajo fuera del horario laboral son una tónica habitual.

Lo anterior no se traduce en que las empresas deban renunciar a políticas tan útiles y necesarias como la meritocracia, la cultura del esfuerzo, la disciplina, las normas o la jerarquía. Estas han de aplicarse considerando las peculiaridades de la nueva fuerza laboral y buscando el equilibrio entre unas y otras conforme a la máxima aristotélica *in medio stat virtus* —la virtud está en el medio—. La enriquecedora cooperación entre las generaciones más jóvenes y el talento *silver* precisamente puede ayudar a conseguir las proporciones adecuadas de esta compleja fórmula.

Conclusión

Como se ha expuesto a lo largo de este capítulo, nos enfrentamos al desafío tecnológico con cierta urgencia y con la necesidad de abordar sus diferentes facetas. Por fortuna, contamos con valiosas herramientas como son el talento y nuestra propia naturaleza que nos empuja en la dirección adecuada. Ahora bien, el auténtico reto no es solo seguir descubriendo y aplicando nuevas tecnologías, sino conseguir que estas sean un medio, nunca un fin en sí mismo. Esto conlleva no dejar a nadie atrás en la carrera, eliminado la brecha digital mediante la implementación de distintas iniciativas. Y por encima de cualquier otra consideración, nos obliga a no traspasar jamás en este recorrido las fronteras inquebrantables de los valores y de los principios éticos y morales más básicos.

8. Las franquicias: una opción para emprendedores sin edad

Eva Ivars
Consejera delegada Alain Afflelou España y Portugal

1. El cambio del mundo laboral

El panorama laboral ha experimentado cambios significativos en las últimas décadas, impulsado principalmente por los avances tecnológicos, la globalización, y las expectativas diferentes de nuevas generaciones. En este mundo donde las carreras profesionales ya no son predecibles ni lineales, la estabilidad laboral parece una reliquia del pasado y la sensación de seguridad en el trabajo, unida a la progresión vertical en la jerarquía establecida se ha acabado.

A esto hay que añadir factores como el envejecimiento de la población y la necesidad de actualización constante, por el avance imparable de la tecnología que están redibujando la forma en que trabajamos y emprendemos. Un estudio del Foro Económico Mundial estima que para el año 2030, el 54 % de todos los empleados necesitarán un entrenamiento constante para adaptarse a las nuevas tecnologías.

La representación de los trabajadores *senior* (mayores de 55 años) en el mercado laboral español ha crecido del 13.6 % de hace una década al 21 % actual. Este fenómeno nos lleva a que muchas personas con una cierta edad reconsideren su papel en el mercado laboral o su forma de trabajo, y busquen oportunidades que les permita mantenerse activos, productivos y realizados.

Frente a este contexto, el modelo de franquicia se presenta como una alternativa prometedora para quienes desean emprender y tomar control de su propio destino. Ofrece una vía para que tanto los jóvenes como las personas mayores superen las barreras del emprendimiento, al aprovechar las habilidades propias y la experiencia de un entorno empresarial estructurado y con apoyo, mientras contribuyen positivamente a su comunidad.

2. Origen del modelo de franquicia

El modelo de franquicia tiene sus raíces en el siglo XIX cuando comenzó a estructurarse como una forma viable de expansión comercial. Aunque existen vestigios de acuerdos similares en épocas más antiguas, como en la Edad Media, la franquicia moderna tomó forma con empresas como Singer Sewing Machines en Estados Unidos, que necesitaban expandirse rápido para comercializar sus productos. La idea era simple pero poderosa: una empresa (el franquiciador) otorgaba el derecho de comercializar sus productos o servicios a otra persona (el franquiciado), bajo un acuerdo que beneficiaba a ambas partes. Esta relación permitía que los franquiciados pudieran aprovechar un modelo de negocio ya probado, mientras que el franquiciante expandía su presencia sin asumir todos los costos operativos directos.

Este concepto evolucionó significativamente durante el siglo XX, en particular, en sectores como la restauración, los servicios y el comercio minorista. Marcas como McDonald's, Subway y 7-Eleven llevaron el modelo a un nivel global, y demostraron su capacidad para replicar el éxito en diferentes países y culturas. Hoy en día, el modelo de franquicia está presente en casi todos los sectores, desde la alimentación hasta la salud, es un vehículo fundamental para el emprendimiento en todo el mundo.

Pero ¿qué cómo funciona una franquicia? Nosotros siempre decimos que la franquicia es mucho más que un contrato comercial, es como un motor en el que cada pieza tiene un papel. El franquiciador pone el diseño, el combustible y las instrucciones, mientras que el franquiciado aporta la energía para que todo funcione a la perfección.

Las dos partes claves son el franquiciador, el creador de una marca con éxito probado, y por otro, el franquiciado, un emprendedor que opera el negocio de acuerdo con los estándares de la marca.

Esta relación se basa en un acuerdo claro y estructurado, donde el franquiciador ofrece los derechos para usar su marca, acceso a su modelo de negocio y soporte continuo, para asegurar un tráfico de clientes constante además de mantener la innovación y crecimiento del sistema. A cambio, el franquiciado asume una inversión inicial y paga cánones sobre las ventas, y aplica las directivas del franquiciador.

Lo que hace especial a la franquicia es su capacidad de combinar lo mejor de dos mundos:

- El conocimiento del franquiciador. Experiencia, formación, marketing y manuales operativos que aseguran la consistencia de la marca.
- La autonomía del franquiciado. Aunque opera bajo una estructura definida, es un empresario independiente que dirige su cuenta de explotación y gestiona su propio negocio.

Esta fórmula empresarial es un motor de expansión y rentabilidad sostenible para ambos. ¿El secreto? No solo se trata de negocio, sino de una visión compartida.

Alain Afflelou óptico, empresario y comunicador, fue pionero en el sector salud, hace cincuenta años y decidió apostar por este modelo de negocio. Tenía una fórmula de éxito probada vinculada al marketing y al producto, dentro de un sector de salud especializado, las ópticas, y fue así como, por la insistencia de sus colegas de profesión, decidió franquiciar su saber hacer. En el sector de la óptica y audiología en el mundo, fue el primero en hacer partícipe de su modelo de negocio a cientos de emprendedores de todas las generaciones y perfiles. Hoy en día, algunos siguen al pie del negocio y otros han pasado el testigo a las siguientes generaciones. El mismo modelo se ha reproducido en otros países, mercados muy diferentes, como España, Bélgica o Marruecos, en la actualidad está presente en 19 países.

3. El modelo de franquicia: un camino profesional para emprendedores de todas las generaciones

El cambio rápido genera incertidumbre, pero también abre nuevas puertas. En este contexto, la franquicia es un catalizador del espíritu emprendedor, que no discrimina por edad y permite a cualquier persona convertirse en empresaria al formar parte de una red que proporciona seguridad y tranquilidad. Tanto jóvenes emprendedores que se lanzan al mundo laboral, como profesionales experimentados, e incluso aquellos que buscan reinventarse a los cincuenta o sesenta, encuentran en las franquicias una oportunidad única para desarrollar un negocio propio y acceder al emprendimiento, por muy desconocido que este sea.

El acompañamiento que ofrece un modelo de franquicia, con su formación continua, su saber hacer, sus herramientas tecnológicas, procesos y el respaldo de los profesionales expertos del franquiciador junto con una red sólida de franquiciados, se convierte en una de las claves para enfrentar estos desafíos. No importa si tienes 25 o 55 años, estar acompañado por una marca reconocida y contar con procesos establecidos te permite mantenerte al día con los cambios tecnológicos y las nuevas demandas de los consumidores. La franquicia ofrece la seguridad y el soporte necesarios para que el emprendedor pueda crecer de forma sostenible en un entorno económico, legislativo y laboral cada vez más dinámico y complejo.

Una de las grandes virtudes del modelo de franquicia es que hace del emprendimiento una posibilidad accesible para todos, independientemente de la experiencia previa en el sector, para el franquiciado no es necesario volver a inventar la rueda, el camino está trazado. Para quienes carecen de conocimientos en la gestión de un negocio una franquicia representa un camino mucho más seguro que empezar desde cero. El valor de emprender con una franquicia radica en que te ofrece un modelo demostrado, con procesos definidos y el respaldo de una marca reconocida, lo cual reduce significativamente los riesgos asociados al emprendimiento.

Emprender es más que un negocio. Necesita de habilidades y competencias únicas, desde conocimientos jurídicos, contables, fiscales, de marketing, de operaciones, de gestión de personas y así un largo sinfín. Sin embargo, estas son solo las bases técnicas, el qué del negocio. Lo que de verdad marca la diferencia son el cómo y el quién. Aquí es donde entran en juego competencias más profundas como el liderazgo, la visión estratégica y la capacidad de gestionar la incertidumbre. Ser emprendedor requiere una mezcla de valentía para tomar decisiones arriesgadas y ambición sana para ir más allá de los límites establecidos.

Tanto en los jóvenes como en los emprendedores con más experiencia, estas cualidades son esenciales. Los jóvenes aportan frescura, creatividad y adaptabilidad, mientras que los más mayores ofrecen sabiduría, resiliencia y una visión más completa del mercado. Ambos perfiles comparten un punto en común: la capacidad de transformar una idea en un proyecto con impacto real.

Imaginemos a Patricia de 25 años, es óptico optometrista, vive en una pequeña población de Murcia, ya hecho prácticas y ha trabajado como empleada en Alain Afflelou, pero tiene claro que quiere ser dueña de su negocio de óptica, aunque nunca ha gestionado una empresa, con todo lo que ello conlleva. Con la franquicia aprende a interpretar la cuenta de explotación, a gestionar las nóminas de sus empleados, a saber lo que es la tesorería para hacer frente a los pagos y a manejar los márgenes de producto. Sin embargo, también tiene acceso a formación continua en un formato adaptado a los tiempos analógicos y digitales, a procesos operativos ya probados. No tiene que preocuparse de las campañas de marketing, de cuál es el ritmo de las campañas o cómo decorar su tienda. En definitiva, gracias al apoyo de una red sólida minimiza los riesgos y multiplica sus oportunidades.

Lo mismo sucede con Pedro un profesional de 53 años que quizá ya no siente ni la inquietud de volver a estudiar o empezar desde cero, sin embargo, sí tiene la energía. Aunque antes haya trabajado por cuenta ajena, piensa en convertirse en empresario (sin asumir demasiados riesgos) con los ahorros que tiene. Entra en contacto con nosotros y nos plantea su ambición. ¿Qué ocurre? En Alain Afflelou, funcionamos como incubadora, siempre tenemos un *pool* importante de tiendas propias en funcionamiento (alrededor del 20 %) que vendemos como proyecto llave en mano cuando los intereses de franquiciado y franquiciador encajan, Alberto empezó con la compra de una óptica en Alcobendas y hoy tiene cinco que se han autofinanciado. Con una franquicia, el camino se allana, se hace más claro y, sobre todo, se hace visible y posible. El valor del emprendimiento se democratiza y se convierte en una oportunidad real para todos.

4. Innovación intergeneracional: un lugar para crecer y aprender juntos

Uno de los aspectos más enriquecedores del modelo de franquicia es que reúne a personas de diferentes generaciones que trabajan juntas bajo el mismo paraguas tanto desde la sede central, como desde la red de franquiciados. La franquicia permite compartir sus buenas prácticas y también sus errores, y de los dos se aprende. Los jóvenes aportan su frescura y visión innovadora, sus ganas de romper y mejorar, mientras que los más mayores traen la experiencia y la capacidad de gestión, la perspectiva que les da el tiempo. Esta colaboración genera una sinergia intergeneracional que no solo favorece la evolución de la franquicia como red, sino que también potencia el desarrollo profesional de cada uno de sus integrantes.

La franquicia es como una cadena, cuyo valor reside en sus eslabones, el valor de la cadena es el valor del eslabón más débil, por eso es importante tanto para el franquiciador como para la red de franquiciados en sí mismos el retroalimentarse y crear sinergias que impulsen a la marca, multipliquen éxitos y eviten errores.

Puedo pensar en varios ejemplos dentro de Afflelou, donde franquiciados de diferentes edades se apoyan entre sí, y comparten tanto lecciones del pasado como nuevas ideas para el futuro. En una de nuestras reuniones regionales, una joven franquiciada me contaba cómo el consejo de un compañero con más de veinte años en el negocio le permitió entender mejor a su equipo y mejorar en su gestión. A su vez, este mismo franquiciado aprendió sobre redes sociales y las motivaciones de su joven equipo, gracias a ella. Estas historias demuestran que el crecimiento es intergeneracional y que siempre hay espacio para aprender y enseñar. Son cosas sencillas, pero de gran poder transformador para quienes las viven.

La experiencia nos ha mostrado que la franquicia genera un entorno colaborativo que favorece tanto el desarrollo del negocio como el crecimiento personal y profesional. Es aquí donde el valor del emprendimiento se magnifica: no estás solo, sino que formas parte de una comunidad que te apoya, te guía y te inspira. Este flujo de conocimientos y habilidades permite que todos los miembros del ecosistema de la franquicia crezcan juntos, aprendiendo y evolucionando.

5. El respaldo de una marca que genera confianza

Otro gran valor del modelo de franquicia es el respaldo que ofrece una marca sólida, algo particularmente importante para quienes buscan un cambio radical en sus vidas profesionales. No se trata solo de emprender y hacerlo de la mano de alguien que ya ha recorrido el camino y conoce las mejores prácticas. También es importante hacerlo con alguien que se preocupa por construir el futuro, que invierta en una marca sólida, que perdure en el tiempo y que dé seguridad al emprendedor. Una marca que se preocupe de la innovación, de lanzar nuevos productos y, sobre todo, de entender a los consumidores, pasados, presentes y futuros.

Si los franquiciados son intergeneracionales, aún lo son más los consumidores. Estos son difíciles de leer si el emprendedor no está acompañado. Es complejo entender y satisfacer las necesidades de diferentes generaciones de clientes en el mercado actual. A esto hay que añadir que los consumidores actuales no se ajustan con facilidad a categorías basadas únicamente en la edad, sino que su comportamiento está cada vez más influenciado por las relaciones entre generaciones.

Para navegar en este desafío los franquiciados necesitan acceso a datos en tiempo real, capacidad para identificar puntos de contacto entre generaciones y mensajes que se adapten al complejo consumidor. Sin el acompañamiento adecuado, equipos multidisciplinares o herramientas de análisis avanzadas que aporta la franquicia, es extremadamente difícil responder a las necesidades de los consumidores.

Una franquicia especializada como Afflelou en los sectores de óptica y audiología tiene el valor de ofrecer servicios esenciales de salud, desde cualquier generación para todas las generaciones, lo cual genera una mayor confianza tanto para los franquiciados como para los clientes. Pero si algo diferencia esta marca es su potencia comunicativa, su cuidado por la imagen, representada en sus campañas por personas de todas las generaciones. Una comunicación fresca y dinámica que a la vez es democrática representando una muestra de sus consumidores, ya sean de gafas de sol, lentes de contacto, gafas graduadas o audífonos, siempre en actitud vital.

6. Factores claves de éxito

El mundo de las franquicias se adapta a las necesidades de cada generación. Para un joven, es una oportunidad de aprendizaje, de gestionar un negocio y de crecer rápido. Para un adulto en la mitad de su vida profesional, puede ser la respuesta para un cambio necesario, la posibilidad de ser su propio jefe y de encontrar una mejor conciliación entre la vida laboral y la personal. Para aquellos que ya se encuentran en etapas más avanzadas, una franquicia es una excelente oportunidad de invertir, de generar ingresos adicionales, y de mantenerse parte activa del tejido económico.

El éxito del franquiciador se debe a una combinación de factores, que aseguran tanto la viabilidad del modelo de negocio como la satisfacción de los franquiciados. Por otra parte, el franquiciado ideal es un profesional comprometido que busca un equilibrio entre su inversión personal y los intereses de la marca, con capacidad de autogestión y servicio al cliente.

¿Cuáles son esos factores fundamentales para el éxito? El franquiciador debe ser capaz de proponer una tipología de negocio sólida, con una propuesta de valor diferencial para clientes, procesos eficientes y un modelo de ingresos rentable. Unido a esto debe ser capaz de aportar un soporte integral al franquiciado que vaya desde los manuales de formación a la asistencia jurídica sin olvidar las citadas estrategias de marketing. Se da por supuesta, pero no es tan evidente, la elección de franquiciados que compartan valores y visión de la marca y que estén dispuestos a construir una relación colaborativa en la que se comparta información valiosa y se resuelvan los problemas juntos.

Desde la perspectiva del franquiciado, este debería tener visión empresarial, habilidad para administrar el negocio, y comprender el desafío al que se enfrenta. Desde un punto de vista de competencias, la constancia y el compromiso a medio-largo plazo son fundamentales, unidas a unas excelentes habilidades de relación personal tanto hacia sus clientes, como sus empleados y hacia el mismo franquiciador. Todo esto sin olvidar los básicos, es decir, los recursos iniciales, la disposición para formarse continuamente y la capacidad para tomar decisiones estratégicas dentro del marco de la franquicia. Su desempeño debe medirse por el cumplimiento de estándares operativos, la gestión del personal, la satisfacción de sus clientes, la adaptación al mercado local en coherencia con la marca y el cumplimiento de objetivos. Esto ayuda a determinar la capacidad de autogestión del franquiciado y determinar si requiere mayor apoyo o está listo para crecer dentro del mismo sistema de franquicia.

No importa la edad, siempre hay una manera de emprender y tener éxito en el mundo de las franquicias.

7. El caso Afflelou: un espacio para todas las edades

En Afflelou hemos visto de primera mano cómo el modelo de franquicia potencia el desarrollo profesional para todas las generaciones. Hemos acogido a franquiciados que estaban empezando su camino laboral recién graduados y a otros que decidieron dar un giro en la mitad de sus vidas y reciclarse desde otros sectores diferentes. Todos han encontrado su lugar, un espacio donde pueden crecer, arriesgarse y aprender. Ser parte de una franquicia es como entrar a una gran familia empresarial donde la edad no limita, sino que aporta.

He visto casos como el de Alberto, que comenzó su franquicia con nosotros a los 27 años, después de haber sido empleado de la red propia. Al principio su inexperiencia en gestión le hacía dudar, pero encontró en otros franquiciados un referente esencial. Hoy, a sus 45, ya tiene varias tiendas y ha ayudado a otros empleados más jóvenes a dar sus primeros pasos. También pienso en María, que a sus 51 años decidió vender sus clínicas en el sector dental y dar un giro a su carrera con nosotros. Hoy, gracias a la estructura y al apoyo de la franquicia, no solo ha encontrado estabilidad, sino también una nueva pasión.

El modelo de franquicia es, sin lugar a duda, un impulsor del desarrollo profesional y del emprendimiento, sin importar la edad que tengas. Es un modelo que abraza la diversidad, fomenta la innovación y facilita la colaboración. En Afflelou lo hemos vivido, lo hemos visto crecer, y estoy convencida de que seguirá siendo un motor de oportunidades para todas las generaciones, un lugar donde cada uno pueda escribir su propia historia de emprendimiento y éxito.

Parte 3

FORMACIÓN Y DESARROLLO

9. Desaceleración profesional

Enrique Arce
Consultor en Retribución, Beneficios y Gestión de la Diversidad

Matías miraba el calendario con una mezcla de orgullo y desconcierto. Había llegado el día de su jubilación, el momento que durante años imaginó con cierta ilusión y temor. Después de 37 años de trabajo, de innumerables decisiones financieras tomadas y muchas estrategias puestas en marcha, el mundo laboral se acababa.

Llevaba quince años como director financiero en la empresa, tiempo suficiente para dejar una huella en su equipo y en la organización. Antes de eso, había recorrido un camino sólido: empezó como auditor, pasó por tres compañías más, en las que escaló posiciones, aprendió y enfrentó desafíos. Su experiencia le había valido reconocimiento en el sector, tanto que en los últimos años había sido invitado a dar conferencias y a opinar sobre estrategias financieras en distintos foros.

Ahora, con 65 años, la decisión no era tan sencilla como firmar un último documento y entregar su despacho. Su esposa le animaba a descansar, a disfrutar del tiempo libre, a viajar. Sus amigos jubilados le hablaban de la paz de no tener que rendir cuentas a nadie. Pero Matías no estaba seguro de querer eso. Aún se sentía con fuerzas, su mente seguía ágil y, aunque anhelaba más flexibilidad, temía el tedio del retiro.

La oferta de su empresa llegó justo en ese momento de incertidumbre: un puesto como asesor *senior*. No tendría la presión de la dirección financiera, su horario sería flexible y, lo más atractivo de todo, podría seguir aportando su conocimiento sin la carga de la toma de decisiones críticas. La propuesta parecía hecha a su medida, pero aún dudaba. Por un lado, le quedaban dos años para terminar de pagar la hipoteca y su hija aún debía terminar la universidad. Un ingreso adicional le daría tranquilidad. Por otro, si aceptaba, ¿realmente se permitiría disfrutar de su jubilación o simplemente postergaría lo inevitable?

Esa noche, Matías se sentó en su estudio y repasó su trayectoria. Se preguntó qué era lo que realmente quería. ¿Seguir en la empresa porque lo necesitaba o porque le apasionaba su trabajo? ¿O era el miedo al vacío lo que le impulsaba a aceptar? Sabía que la decisión no solo afectaba su vida, sino también a su familia y su bienestar futuro.

Con una taza de café en la mano y el teléfono cerca, decidió que la mejor manera de encontrar la respuesta era hablar con su jefe y definir los términos exactos del puesto. Si realmente podía trabajar sin presiones, con la libertad de manejar su tiempo y sin comprometer su salud ni sus planes personales, entonces quizás la jubilación no significaba un final, sino una transición hacia una nueva etapa de su vida. Lo llamó desaceleración.

A todos nos llega el momento del retiro definitivo. Tarde o temprano, a la edad reglamentaria o más tarde, terminamos nuestra actividad profesional. Hay quienes se retiran encantados ante la idea de un descanso merecido y quienes desean prolongar la vida laboral porque el plan de pensiones es insuficiente o porque se sienten con ganas y les gusta lo que hacen. En el lado de la empresa muchas responden con una apuesta por el capital intelectual de los de más edad y otras no muestran interés porque esas personas son sustituibles, caras y no aportan.

Son muchas las variables que intervienen en la decisión tanto del lado de la empresa (posibilidad de reemplazar, costes, etc.) como del lado de la persona (salud, hábitos de vida, dinero, etc.) que hace que cada caso sea único. Cuando la empresa quiere desvincular porque no ve valor en la persona y el profesional desea abandonar, la decisión es fácil y rápida; sin embargo, cuando la empresa quiere desvincular a la persona, pero esta no lo desea (la jubilación es una decisión voluntaria de la persona), la resolución puede ser lenta, incómoda y en ocasiones cara para la empresa si conlleva algún incentivo a la desvinculación.

Las otras dos situaciones son cuando la empresa quiere retener a la persona porque reconoce su aportación en forma de conocimiento, liderazgo o relaciones, pero la persona desea abandonar y cuando ambas partes desean la permanencia. Estas son situaciones de diálogo y negociación donde la calidad de la oferta depende de lo económico, lo psicológico y lo social.

1. Una vida más larga

Los datos y la observación sugieren que las tres etapas en las que tradicionalmente hemos diferenciado la vida laboral (estudio, trabajo y retiro), se van a convertir en cinco (basado en Gratton y Scott[1]).

Gráfico 9.1 Etapas de la vida laboral

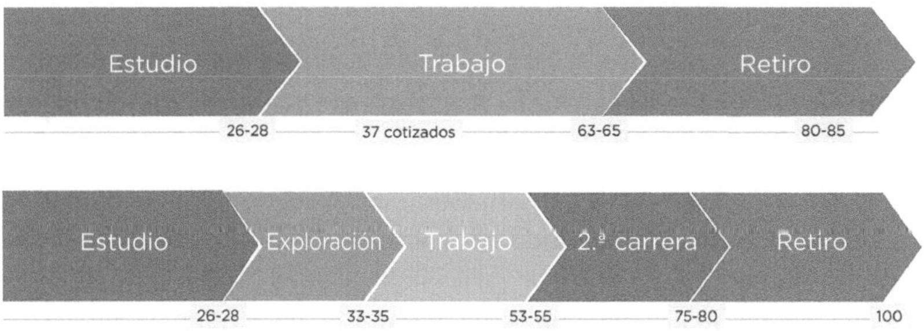

Fuente: Basado en Gratton y Scott, 2018.

- **Etapa de estudio.** Periodo de socialización y formación que, en términos generales, se extenderá hasta, aproximadamente, los 27 años y durante los cuales apenas se trabaje ni se produzcan grandes ingresos.
- **Etapa de exploración.** Se trata de un nuevo periodo en la vida, uno de transacción entre la formación y la plena incorporación al mercado laboral. Se extenderá de los 27 años a los 35 y serán años de experimentación. Los ingresos serán bajos, pero el foco se pondrá en el enriquecimiento multicultural, en el dominio de un segundo y tercer idioma y en la búsqueda de experiencias y vivencias, que determinarán la decisión de «qué se quiere ser en la vida». Se viajará, se enriquecerá el contacto con otras culturas y se fortalecerá el *network* como capital relacional.
- **Etapa laboral.** Periodo ya conocido que se extenderá desde los 35 años a los 55. Los cambios vitales son extraordinarios para la

persona: pareja, hijos, endeudamiento por la adquisición de vivienda, búsqueda de estabilidad, etc. Es cuando se produce y seguirá produciéndose la incorporación plena al mercado de trabajo con el claro objetivo de un trabajo seguro y una carrera profesional. Se crece profesionalmente y se madura definitivamente. Es y seguirá siendo el periodo de mayores ingresos y cuando se alcancen las mayores cotas de desempeño profesional y buena salud.

- **Etapa de la segunda carrera.** Periodo nuevo que podrá ir desde los 55 a los 67. Muchos y muchas se verán sin trabajo o ante la necesidad de dar un giro a sus carreras. Lo que les hizo triunfar quizá ya no valga y sea necesario resiliencia y reciclaje, es decir, una nueva carrera. Según vemos los datos, se trata de una parte de la población activa que crecerá en volumen con alto riesgo de desempleo, una generación laboral de *seniors* que se convertirán en emprendedores, porque seguirán necesitando ingresos para atender el gasto y el ahorro.
- **Retiro.** Periodo de desvinculación del mercado laboral. Desde los 67 en adelante, la invisibilidad profesional pondrá muy difícil competir laboralmente. Pero se vivirá hasta los 90 años o más, es decir, más de 25-30 años de inactividad con una dependencia total de lo ahorrado, de la pensión, de lo que se haya cuidado la salud y de las relaciones sociales que se hayan cultivado.

De cumplirse lo señalado deberá preocupar la gestión de cuatro formas de patrimonio.

- **Patrimonio financiero.** Concierne tanto a dar posibilidades de alargar años de obtención de ingresos como educar en la gestión del ahorro que crece durante la madurez y decae a partir de los 65 años.
- **Patrimonio vital o de salud.** Referido tanto a la salud física como a la salud mental e incluye lo biológico, lo psicológico y lo social (familia, amigos y relaciones profesionales). Con excepción de las relaciones sociales que se fortalecen, a partir de los 35 años comienza un lento deterioro que se agrava a partir de los 70.
- **Patrimonio competencial.** Dado que los cambios en las formas de trabajo son acelerados y lo que se sabe y se domina a los 45

años pierde validez si no se actualiza, cuidar el patrimonio competencial obliga a comprender, por ejemplo, que la IA es el nuevo desafío, que hay que dominar Power BI, que se debe ir olvidando Excel y que hay desaprender las formas arcaicas de liderazgo y aprender a gestionar equipos en entornos *agile*, etc.

- **Patrimonio resiliente.** Es el patrimonio de patrimonios, es el bagaje de experiencias para saber manejar todas las malas noticias financieras, de salud y de desadaptación (brecha digital).

Si la empresa desea mantener a los de más edad y estos quieren permanecer activos, una propuesta de valor puede consistir en ofrecer una carrera descendente o de desaceleración que atienda a los cuatro patrimonios después de los 55 años.

El patrimonio financiero para garantizar los gastos de una vida que se acercará a los 95 o 100 años; el patrimonio de la salud, para asegurar que llegamos a esa edad en condiciones lo más saludables posibles; el patrimonio competencial que posibilite la segunda carrera, teniendo en cuanta que muchas de las habilidades y conocimientos del pasado ya no servirán y el patrimonio resiliente o capacidad de afrontar los envites de la vida, para acomodarnos a nuevas exigencias. De aquí la recomendación: «mantén actualizado tu DAFO» para que a los 60 se sepa en qué se es vulnerable y en qué se está protegido.

La buena gestión de los cuatro patrimonios es lo que posibilitará vivir y no durar. El ahorro es un imperativo desde los primeros ingresos, así como lo son el cuidado de la salud física y mental, la formación constante y la resiliencia para afrontar los avatares de la vida.

Cabe señalar que, en el otro extremo del espectro profesional, los jóvenes han redefinido el significado del éxito laboral. Priorizan la flexibilidad, la movilidad y el propósito, y buscan desarrollar carreras menos encorsetadas, donde la experiencia sea tan importante como la estabilidad. En este contexto surge el concepto de *Talent Shaper*: jóvenes profesionales que no solo están en proceso de aprendizaje, sino que también transforman el entorno en el que trabajan.

Los *Talent Shapers* son agentes del cambio, aportan nuevas perspectivas, desafían estructuras obsoletas y dominan las herramientas digitales que impulsan la evolución de las empresas. Su valor no radica en la cantidad de años de experiencia, sino en su capacidad de adaptación, su mentalidad innovadora y su habilidad para generar impacto desde etapas tempranas de su carrera.

2. La desaceleración profesional

Cada vez son más quienes quieren permanecer activos. La esperanza de vida, la buena salud más allá de los 60 años, el incentivo a la demora de la jubilación y razones personales hace que muchos retrasen el retiro. Según un estudio de Adecco de 2023[2], lo que más preocupa a los mayores de 55 años en situación de desempleo es no poder atender los gastos inmediatos básicos (92 %) y no acumular las cotizaciones necesarias para alcanzar una pensión adecuada (63 %). Ambas son razones financieras, pero no son las únicas. Otras inquietudes son la autoestima (52 %), la salud mental (45 %) y la necesidad de ayudar a familiares económicamente dependientes (25 %). Bajo estos datos subyace la idea de que la vida se nos echa encima y aunque la ciencia nos regala años extra muchas veces se descubre que no se ha sabido gestionar bien el patrimonio financiero y da vértigo pensar qué será de nosotros.

Permanecer activo, sí, pero de no de cualquier manera ni a cualquier precio. En otro trabajo del Instituto Santalucía sobre el talento *senior* en España[3], los encuestados mayores de 50 años valoraban para seguir trabajando el mantenerse en activo pese a una posible pérdida de ingresos (60 % mucho o bastante), el contar con horarios más reducidos (65 % mucho o bastante) y disponer de flexibilidad horaria (70 % mucho o bastante). En este caso, los datos sugieren que no sería mala idea que la empresa orquestara un plan o ideara una oferta para quienes tienen más edad con el propósito de retener un capital intelectual valioso a la vez que proporciona más seguridad financiera y psicológica a la persona.

Ante ello, se podría pensar en la desaceleración laboral, es decir, en el abandono progresivo de responsabilidades profesionales en favor de otros sin perjuicio para la empresa y respondiendo a los objetivos, valores y preocupaciones de cada persona.

¿Es posible organizar una carrera profesional descendente como parte de la propuesta de valor al mayor? Siempre que sea una elección voluntaria y responda a los deseos, metas personales y valores de la persona y no denote *apartheid*, *ghosting* (cementerio de elefantes se decía antes), una carrera descendente no debe implicar pérdida de prestigio o ingresos, sino ajustar el nivel de responsabilidad, compromiso o estrés laboral para alinear la carrera con un estilo de vida más satisfactorio.

Una carrera descendente es una etapa de desaceleración, un descenso gradual y no una ruptura abrupta que arrincona cuando todavía se tiene la sensación de que se puede dar más. La transición a la jubilación es un periodo tan inquietante como los primeros años de carrera donde el vértigo del tiempo asusta, pero esta vez con la sensación de que el tiempo corre en contra.

La desaceleración supondrá la aceptación de un rol con menos responsabilidades que mejore la calidad de vida por una reducción del estrés. Sin objetivos comerciales, sin responsabilidad sobre equipos, sin pertenencia a comités, pero con un marcado compromiso por la transferencia de conocimientos, apoyo en el desarrollo del negocio y contribución a la eficiencia.

La oferta conlleva horarios más flexibles, con menos carga laboral, pero con una predisposición a estar accesible y a actuar como *senior advisor*, es decir, como un profesional que posee conocimientos, experiencias, marca personal, contactos y relaciones de valor, que pone al servicio de la empresa a tiempo parcial con exclusividad o sin ella[4].

Los beneficios para la empresa son:

- Gestiona el conocimiento tácito, es decir, el que no se almacena en bases de datos y que poseen las personas. La paradoja de Polyani nos recuerda que «sabemos tanto que nos cuesta contarlo». Se trata de un capital intelectual que se pierde con la marcha de la persona. Los procesos y procedimientos son eficaces cuando están bien documentados pero muchas veces son insuficientes al faltarles la experiencia del usuario. La permanencia de un usuario con experiencia ayuda a preservar esa eficacia.
- Protege el fondo de comercio del mayor, sus relaciones de valor. Los años de actividad proporcionan al mayor un capital relacional que queda desaprovechado si no es heredado. No es solo la cantidad de contactos, también es la calidad de las relaciones que fidelizan.
- Cuida la imagen de empresa socialmente responsable si realiza desvinculaciones dignas. La huella social de una empresa es la

marca que deja por la calidad de sus actuaciones. Entre ellas está el empleo creado, la formación impartida, el cuidado de la salud de sus profesionales, etc., pero también es marca de empleador la forma digna con la que desvincula.

En un entorno donde la longevidad permite carreras más extensas, esta figura se vuelve esencial para que las empresas sigan aprovechando el valor del talento experimentado sin necesidad de mantener estructuras jerárquicas rígidas.

3. Pasos para organizarla

La tarea de organizar carreras descendentes supone la reducción de responsabilidades, pero sin la pérdida de prestigio. Se trata de crear posiciones de *asesor senior* donde empleados con experiencia puedan seguir aportando sin la carga de gestión, por ejemplo, mentorizando jóvenes profesionales, dando soporte en la toma de decisiones técnicas o de negocio o documentando formas de hacer y buenas prácticas.

Un orden de acometida válido podría ser:

- Definir el rol del *asesor senior* que aporta su experiencia sin asumir responsabilidades directas sobre equipos o proyectos ni clientes; deben ser claras: se trata de ser guía no gestor.
- Formar a empleados más jóvenes con potencial que inician su carrera pero que desconocen las claves del negocio, la cultura y las relaciones.
- Actuar como consultor interno advirtiendo de riesgos y oportunidades en proyectos de acuerdo con su área de especialización y ayudando en la toma de decisiones estratégicas.
- Representar a la empresa en eventos o encuentros y colaborando en la elaboración de textos promocionales, de opinión, etc.
- Documentar procedimientos de gestión y técnicos para preservar el conocimiento de la organización.
- Determinar el perfil que garantice cumplir con eficacia su rol.
- Acumular más de un número determinado de años de experiencia en el sector y un número determinado de años en la empresa.

- Conocer en profundidad las áreas estratégicas de la organización, así como la cultura organizacional.
- Haber mostrado capacidad de relación para representar a la empresa ante los grupos de interés y para relacionarse con el resto de la organización.
- Mostrar competencias de comunicación para dirigirse a grupos y de formación para capacitar a otros.
- Mostrar motivación e interés en seguir contribuyendo sin una carga operativa o de liderazgo formal.
- Diseñar una propuesta de valor que atienda al menos tres de los cuatro patrimonios para que el rol sea atractivo y sostenible.
    - Financiero. Retribución fija sin pérdida de salario y sin incentivos (contrato por proyectos o consultoría interna).
    - Salud. Horarios y espacios flexibles (tiempo parcial o con horarios flexibles), seguro médico, acceso a foros de discusión y redes de contacto.
    - Competencial. Formación en nuevas tecnologías y métodos de trabajo (por ejemplo, metodologías *agile*).
- Integrar la posición en la cultura de la empresa dando valor organizativo al rol.
- Comunicar que se trata de un reconocimiento al talento y la experiencia, que es una conveniencia estratégica y para nada una democión, no es un descenso.
- Comunicar que es un rol de referencia y consultivo que aconseja, recomienda y da apoyo.
- Incluir el rol en los comités estratégicos para asesorar en la toma de decisiones.

La persona, por su parte, debería tener sólidas razones para emprender una carrera profesional descendente y comprometerse al menos dos años. La mejora de la calidad de vida, menos estrés y horarios flexibles, y la garantía de unos ingresos estables suelen ser los objetivos para un descenso gradual en lugar de un retiro abrupto. La reflexión de la persona debe centrarse en aceptar tareas menos demandantes y siempre dentro del campo de especialización, que no den lugar a frustración y que aseguren unos ingresos quizá reducidos, pero sí sostenibles.

La manera de formalizar el acuerdo no tiene por qué pasar por un nuevo contrato. Ahora bien, técnicamente, la jubilación parcial, como indica Raquel Flórez en el último capítulo *El desafío de regular la convivencia intergeneracional*, permite acordar una reducción de jornada y salario, de esta manera se accede a la condición de pensionista y se compagina la percepción de una pensión de jubilación con los ingresos salariales procedentes de su actividad, lo que requiere que el empresario suscriba simultáneamente un contrato de relevo para sustituir a la persona que se retira. Los cambios legislativos han hecho algo más flexible la jubilación parcial permitiendo, por ejemplo, que las horas de trabajo acordadas se adapten a la estacionalidad de los negocios y se trabaje en periodos concretos cuando la producción, la comercialización o la criticidad de un proyecto así lo aconsejen.

Aunque una carrera en descenso corre el riesgo de ser vista como un retroceso, lo cierto es que es una oportunidad. Lejos de estigmatizar y desacreditar a la persona, desacelerar la actividad profesional es una opción si se plantea con claridad y propósito y sin que empresa pierda un activo valioso.

Conclusión

El modelo tradicional de crecimiento ascendente se está viendo reemplazado por carreras flexibles y multidimensionales, donde los movimientos laterales, las transiciones entre sectores, las pausas estratégicas y desaceleración al final forman parte del desarrollo profesional.

El mundo laboral está evolucionando hacia una estructura más líquida, donde el talento fluye de manera más orgánica entre diferentes roles y niveles de responsabilidad. En este contexto, los *senior advisors* y los *talent shapers* no son solo dos figuras emergentes, sino el reflejo de un mercado en el que la flexibilidad y la adaptabilidad han dejado de ser opcionales.

> En defensa de los escritores: la historia de Matías la ha elaborado ChapGPT con pequeñas correcciones mías a partir de un sencillo argumento y en aproximadamente 5 minutos. Lector, ten cuidado ahí fuera, no vaya a ser que la próxima novela que leas la haya escrito un algoritmo.

10. Talento y *mentoring* cruzado intergeneracional

Monica Zai
Directora de Personas Heineken España

1. *Mentoring*, una herramienta de crecimiento personal

Desde hace un tiempo estamos viviendo en un entorno incierto y retador, donde el cambio se ha consolidado como un elemento clave, no solo por su presencia imprevista y constante, sino, sobre todo, por la necesidad de tener que desarrollar determinadas habilidades para crecer y adaptarse a ello.

Si a todo esto le añadimos la convivencia de hasta cinco generaciones en un único entorno laboral, podemos afirmar que estamos viviendo un momento único y que necesitamos contar con herramientas innovadoras, eficaces y efectivas para la gestión de la diversidad en las organizaciones, su crecimiento y evolución.

El *mentoring* puede, sin duda, dar respuesta a estos requerimientos, aunque precisa de una evolución para que su valor sea percibido de igual manera por colectivos dispares. Deberíamos pensar en un *mentoring* que exceda su tradicional naturaleza y sea transformador yendo más allá de su propósito más conocido, de forma que fomente la colaboración y el aprendizaje de todas las partes involucradas.

Cuando se piensa en la relación entre mentor y mentorizado parece obvio que es este último el que se va a llevar todos los beneficios, cuando en realidad se trata de una relación simbiótica que impacta, en mayor o menor medida, en el desarrollo personal y profesional de cada uno. El mentor, por definición, y en principio, tiene más experiencia y más vivencias, las que ha acumulado a lo largo de una amplia trayectoria. Ese bagaje personal y profesional es lo que más valora la persona a la que se mentoriza.

El factor edad combinado con la experiencia en determinados roles, funciones o áreas, es mágico en este sentido. En mi caso, tengo la suerte y la responsabilidad de mentorizar a varios profesionales que comienzan su carrera o que acaban de asumir un nuevo rol y que, además, no solo proceden del área de Recursos Humanos, sino también de Ventas, Finanzas, Tecnología... Uso la palabra suerte, porque este proceso me obliga a prepararme cada sesión, a entender su personalidad y sus circunstancias, para poder orientarlos. El proceso es un reto para aportarles el valor que buscan y una responsabilidad, porque como mentora me convierto en un referente, en mi caso, de la cultura de la empresa, de su propósito, y de mí misma, de mis valores.

El *mentoring* entre personas de edades y géneros diferentes es, asimismo, muy poderoso. Mis mentorizados hombres, coinciden en que las mujeres estamos más abiertas a compartir nuestro *feedback* y a que este sea más constructivo. Un joven profesional del área de Ventas, alto potencial, que trabaja conmigo desde hace un par de años en un programa de rotación interno y *mentoring*, me decía: «Uno de los mejores recuerdos que me voy a llevar de esta etapa, es este proceso de *mentoring*. Puedes sentirte orgullosa porque a través de ello se están creando espejos en los que las futuras generaciones de la empresa pueden mirarse y generar valores para crecer».

El mentor tiene algunas responsabilidades muy claras en este proceso, entre otras:

- Generar un entorno de confianza que permita un intercambio sincero y abierto, sin juicios de valor, donde todo es aceptable para poder construir en conjunto los ámbitos de trabajo y de diálogo.
- Convertirse en *role model* a nivel profesional y en cuanto a propósito, valores y comportamientos.
- Proporcionar *feedback* continuo de manera constructiva.

- Tener la habilidad de encontrar el justo equilibrio entre dar consejos y ser *coach*.
- Estar disponible. Sí, ser mentor es un trabajo a tiempo completo y el estar presente siempre es relevante, sobre todo, en las etapas iniciales de construcción de la relación. La máxima expresión del éxito es lograr consolidar una relación que dure toda la vida.

Los beneficios para el mentor van más allá de lo estrictamente profesional. La posibilidad de seguir desarrollando el liderazgo, incrementar la habilidad en materia de *coaching*, el retarse de manera constant para dar respuesta a situaciones o peticiones fuera de lo habitual, construir relaciones con futuros talentos, crecer en lo personal y tener la oportunidad de contribuir a que otros lo hagan.

De igual manera, el mentorizado, la otra pieza clave del puzle, debe:

- Estar abierto y dispuesto a emprender un viaje.
- Desarrollar una gran capacidad de escucha, de humildad, para reconocer lo que tiene que mejorar y la valentía para enfrentarse a los retos que defina.
- Definir bien esos objetivos, hacia dónde quiere ir, qué quiere lograr.
- Ser exigente a la hora de pedir *feedback*, de forma proactiva, sin esperar que se lo den todo hecho.
- Ser sistemático, respetando los compromisos, los plazos, las tareas, porque el verdadero dueño de su desarrollo es uno mismo.

Los beneficios para el mentorizado son tener un referente claro que le dé soporte en la definición de la estrategia, disponer de objetivos y resultados esperados en relación con la carrera profesional, visibilidad para ampliar su red de contactos y conexiones, guía para la evolución de habilidades personales y sociales, así como acceso a oportunidades laborales.

El proceso de mentoring, entendido en este sentido más amplio, tiene especial impacto para la mujer, puesto que se le otorga de forma estructurada empoderamiento y autonomía para tomar decisiones sobre las metas que quiere alcanzar en un entorno definido y seguro.

Según N. Kabeer hay tres niveles en los cuales es preciso centrarse para lograr ese objetivo:

- El «empoderarse desde dentro», para el conocimiento personal.
- El «poder con», para construir redes de contacto desarrollando las habilidades necesarias para generar impacto futuro en esas conexiones; el aprendizaje a través de los demás.
- El «poder para», donde los mentores comparten experiencias desde su rol y posición para que otros puedan verse beneficiados.

En comparación con sus colegas masculinos al mismo nivel de responsabilidad, un 71 % de mujeres no se sienten valoradas por sus líderes, un 43 % tiene propensión a sufrir estrés y *burnout* y un 34 % a tener problemas de salud mental. Las mujeres son más abiertas a recibir, cierto, pero un 20 % menos propensas a que eso implique tomar decisiones difíciles por no tener suficiente confianza en su liderazgo.

Es por tanto importante destacar el impacto que el *mentoring* logra en cambiar la percepción que la mujer tiene de su entorno de trabajo, puesto que no solo dota a la persona de herramientas y recomendaciones, sino que, sobre todo, establece un entorno seguro de diálogo donde pueden aflorar determinadas situaciones.

2. *Mentoring* en Heineken

En el área de Personas de Heineken España nuestro reto y un propósito de «Liberar el potencial de nuestra gente» se alinea con nuestra estrategia Evergreen, que consta de diferentes palancas, como reforzar nuestra cultura ganadora, liberar nuestro talento diverso y potenciar las capacidades de nuestra organización.

Nuestras creencias sobre el talento inspiran el crecimiento con una visión holística que abarca desde la planificación hasta la creación de una cultura de alto rendimiento. Cuenta con estándares globales para identificar y medir donde el incremento de la representación del talento femenino es clave, en especial, en las áreas de ventas y de cadena de suministro, ła presencia de mujeres más baja.

Centrándonos en Ventas, la historia empieza en 2012 cuando en Heineken España teníamos un 19 % de mujeres trabajando en dicho departamento. Ser mujer en el sector cervecero representa un desafío e implica confrontarse a algunos estereotipos culturales como, por ejemplo, que el sector de las ventas no es atractivo para las mujeres, puesto que implica pasar tiempo fuera de casa o donde las posiciones de liderazgo históricamente han estado dominadas por el género masculino.

Uno de los principales objetivos de Heineken en los últimos años, ha sido incrementar la presencia, rol y evolución de la mujer en el área comercial. Como parte de nuestra estrategia de diversidad, equidad e inclusión y en alineamiento con el programa global Women in Sales (Mujeres en Ventas), hemos diseñado un plan de 360 grados que incluye diferentes iniciativas para llevar a cabo esta transformación cultural, dentro y fuera de la empresa.

- **Conversaciones con acento.** Mesas redondas organizadas en la empresa con invitados internos y externos generando un espacio de seguridad para abordar temas controvertidos.
- **Programas de desarrollo específicos para Ventas (*IronSales*, Redes).** *Coaching* y entrenamiento de los mejores talentos con vocación comercial para ser los futuros directivos de Ventas.
- ***Listening & Dialogue* (escucha y diálogo).** Conversaciones con nuestro presidente o miembros del Comité de Dirección, para incrementar la visibilidad femenina.
- ***Smartworking.*** Implementación de políticas de flexibilidad que se revisan periódicamente, para permitir un mejor equilibrio de la vida personal y profesional.
- **Diversidad, equidad e inclusión.** Son parte de procesos relevantes, como la formación obligatoria (sesgos inconscientes); procesos de selección (currículum ciego y *business case*) o planes de sucesión.
- **Mujeres con poderío.** Es un programa de desarrollo para dar apoyo al crecimiento de las mujeres con alto potencial, a través de charlas inspiradoras, formaciones y sesiones de *mentoring.* Tras tres ediciones del programa Mujeres con Poderío, los *key learning* obtenidos son:
    - La importancia de la vinculación con nuestros valores, nuestras marcas y con las acciones que acometemos.

- El desarrollo de talento interno, lo que incrementa el sentimiento de orgullo de pertenencia.
- La importancia de tener a personas clave implicadas. Tanto *sponsors* de la iniciativa motivados como mentores y mentoras comprometidos.
- Los mentores son tanto hombres como mujeres para ser consistentes y coherentes con el elemento de diversidad en el sentido más amplio.
- Claridad en los criterios de selección para participar en el programa basados en el *performance* y el potencial.
- Es muy positivo que las mentorizadas elijan a sus mentores, en base a sus objetivos y con criterios y asesoramiento, incrementando la involucración y el foco en el proceso.
- Es muy útil complementar el *mentoring* con sesiones de *coaching*[1] para el establecimiento de objetivos. Es el paso más fundamental y complicado y este apoyo adicional facilita la labor de los mentores y ayuda a que el proceso se ponga en funcionamiento con mayor agilidad y eficacia.
- Creación de una comunidad de mentores y mentorizados, para compartir aprendizajes, áreas de mejora y generar una continuidad informal.
- Acompañamiento por parte del equipo de Personas, para asegurar que los procesos avanzan, para apoyar y para complementar necesidades de toda índole.

Son estas iniciativas y estos programas, implementados a lo largo de los años, los que están contribuyendo a crear el nuevo entorno de trabajo en Heineken España respaldados por estos datos:

- Un equipo de Ventas más balanceado, con más de un 30 % de mujeres en plantilla de manera sostenida los últimos años.
- Un entorno inclusivo que ha permitido incrementar el número de mujeres en posiciones de liderazgo en el área de Ventas en más del 18 % en 2023 respecto al mismo periodo del 2022.

- Ejemplos reales de mujeres empoderadas, líderes y *role model* que inspiran tanto a hombres como a mujeres para seguir empujando las iniciativas.
- Mejora de los resultados de clima en preguntas de inclusión en HORECA (un área de Ventas históricamente masculina) donde el promedio de puntuación es de un 80 % (según la encuesta de Clima realizada en 2023), siendo este un resultado muy positivo y dos puntos porcentuales superiores a la media de la compañía.
- Un 54 % de los sucesores a nuestro *leadership team* (top 100 de la empresa) son mujeres.
- El Comité de Dirección tiene un 44 % de mujeres, es decir, se ha cumplido el compromiso de nuestra estrategia Evergreen de alcanzar el 40 % en 2030, con seis años de antelación.

Aspectos clave para considerar lo mencionado como una *best practice* en Heineken:

- El apoyo y liderazgo de todo el Comité de Dirección para que la diversidad, la equidad y la inclusión sean parte de la estrategia. El primer embajador es el presidente global.
- Asegurar espacios seguros, integrados en la agenda de comunicación, para generar momentos para el diálogo, la confrontación, la creación y convertirlos en algo intrínseco a la cultura de la organización.
- Disponer de *feedback* continuo sobre las iniciativas y el impacto a través de los canales formales de comunicación interna (Encuesta de clima y *pulse* periódicos) así como nuestros canales informales, Ninja y Antenas, compuestos por empleados de todas las áreas, niveles y perfiles.
- Asegurar y promover la visibilidad, interna y externa de mujeres de talento que han estado o están en un programa de *mentoring*. Muchas de las mentorizadas se convierten en mentoras en los programas sucesivos para compartir su experiencia.
- Facilitar la colaboración entre departamentos para promover carreras transversales, tanto locales como internacionales.

- Abrir y estar abiertos al *networking* interno y externo, para aprender de otros y de sectores o entornos distintos.
- Aceptar errores y aprender de ellos; estar abiertos a tomar riesgos y ser valientes para empoderar.

Al final lo más relevante es el impacto que este proceso genera en las personas. Los siguientes testimonios lo atestiguan:

> «El mundo evoluciona y las empresas lo hacen con él. Cuando entré en Keineken hace 12 años, el mundo comercial era muy diferente a como lo es hoy. Formé parte de un equipo maravilloso donde era la única mujer, lo cual resultaba a veces retador, pero tuve la suerte de que se volcaran para integrarme y enseñarme todo lo que sé hoy sobre ventas. He evolucionado mucho profesional y personalmente durante estos años y puedo decir que estoy orgullosa de haber presenciado cómo las diferentes iniciativas implementadas por Keineken han hecho posible que hoy las mujeres representemos más del 30 % de los empleados en Horeca».
>
> **Manager área de Horeca, 32 años, licenciada en Derecho, máster en ICEX de Internacionalización de Empresas, 12 años en Heieneken.**

> «Sin duda, una de las experiencias más enriquecedoras ha sido mi participación en procesos de *mentoring*. Es una guía y fuente de inspiración y aprendizaje continuos, y una iniciativa esencial para sacar lo mejor de uno mismo y de los demás, ya que todos tenemos algo que aportar y de lo que aprender. Como *mentee*, uno de los principales aprendizajes ha sido la importancia de mantenerse abierto al cambio, a recibir *feedback* y a estar dispuesto a ser retado. Como mentora, es clave generar un clima de confianza para poder establecer una relación de colaboración y una conexión auténticas, mantener una actitud abierta y de escucha activa, hacer preguntas poderosas, observar y, sobre todo, invertir tiempo y energía de calidad».
>
> **Manager área de Alimentación, 37 años, licenciada en Económicas y máster en ESIC en Marketing y Gestión Comercial y 10 años en Keineken.**

3. *Mentoring* y edad

Las personas de diferentes edades ven el mundo de distintas maneras. Pero la brecha generacional no tiene su origen en esas visiones, sino en gran medida en la falta de comunicación, las inseguridades de cada cual y el deseo de influencia. Por ello, me gusta hablar de «riqueza intergeneracional» que no es otra cosa que las diferentes perspectivas con las que se afrontan los aspectos comunes y sobre los que conviene evitar los estereotipos: «los *boomers* son narcisistas, los *gen Xers* no son comprometidos y que los *gen Yers* y Z conocen poco o nada el fax y para qué se usaba». En general[2]:

- Todas las generaciones tienen valores similares y la familia encabeza la lista, aunque lo que se entiende por *familia* cambia según la generación.
- Todo el mundo quiere respeto, aunque cada lo define a su manera.
- Todos consideramos que los líderes deben ser dignos de confianza, si bien su materialización puede añadir componentes de *mentoring* más acusados dependiendo de la edad.
- A nadie le gusta el cambio, en general. La resistencia al cambio no tiene nada que ver con la edad; tiene que ver con, lo que te va a aportar dicho cambio.
- Todo el mundo quiere aprender, pero el objeto, ritmo o método pueden variar.
- A todo el mundo le gusta la retroalimentación para saber cómo les va y aprender cómo pueden hacerlo mejor.

Entender los matices generacionales dentro de los principios comunes del *mentoring* hará del proceso una experiencia más enriquecedora. En Heineken lo gestionamos con:

- *Graduate program*. Un emocionante programa de atracción de talento joven en el que el proceso de selección lo realizan mentores de otras generaciones, creándose una oportunidad única de aprendizaje. Estos profesionales son acompañados, formados y guiados en sus primeros pasos por alguien de una generación diferente, lo que les brinda perspectivas valiosas. Tener primeras sesiones de *feedback*, o cómo desarrollar su talento, no se consigue sin un mánager que ejerza un *mentoring* continuo.

- *Shadowing Program*. Heineken reconoce que el *shadowing* enriquece la experiencia de todos los que la disfrutan, ya que les permite obtener una visión holística de su trabajo y aprender de aquellos que llevan más tiempo en la organización. Esto no solo acelera su curva de aprendizaje, también les brinda la oportunidad de aportar su perspectiva fresca y nuevas ideas a la empresa. Al mismo tiempo, la empresa valora la sabiduría y la experiencia acumulada de sus empleados más antiguos y se esfuerza por canalizar esta riqueza de conocimientos hacia las generaciones más jóvenes. La combinación de *shadowing* y *mentoring* permite una transferencia efectiva de este conocimiento, creando un ambiente donde los futuros talentos prosperan y los veteranos se sienten valorados por su contribución continua al crecimiento y la innovación de la organización.

Los programas generan los espacios necesarios para que las cosas ocurran bajo un marco definido, sin embargo, la verdadera magia sucede cuando este tipo de relaciones e intercambios surgen de manera espontánea y perduran más allá del formalismo. En este sentido, como ejemplo personal, sigo teniendo un par de personas, que son hombres y mayores que yo, a quienes admiro y que en algún momento han sido mis mentores. Nuestros caminos se han separado, pero seguimos viéndonos y yo sigo contando con ellos para tomar determinadas decisiones relevantes para mi carrera o para abordar una cuestión y tener su punto de vista. Lo curioso es que, a medida que he ido también creciendo y consolidando experiencia he visto que ellos hacen lo mismo: me llaman para tomar café, me cuentan sus temas y valoran mi criterio y opinión para tomar sus decisiones, sobre todo, porque les aporto un ángulo de pensamiento diferente, sea por generación, sea por género, igual que ellos lo hacen conmigo. ¡Otro ejemplo de *mentoring* inverso!

Es en ese momento cuando el genio y la sabiduría se nutren los unos de los otros para seguir evolucionando y adaptándose a los requerimientos de ese entorno retador y en continua transformación que será una constante en los años venideros.

11. Generaciones sin fronteras: contrastes en la conquista de una carrera global

Begoña Landazuri

Senior partner en People Talent and Leadership

La expresión carrera internacional por sí misma ya denota atractivo por lo que tiene de aventura, desarrollo, experiencia, etc.

Una carrera internacional es una decisión conjunta de la persona y de la empresa que está sujeta a una negociación en la que ambas partes buscan ganar. Aunque los intereses son diferentes, el acuerdo conlleva el común denominador de convertir la expatriación en un éxito. Desde el lado de la empresa, abrir o consolidar la presencia en otros países pasa por disponer de profesionales de confianza; por parte de la persona, el profesional que acepta el desafío encuentra, casi siempre, una oportunidad de desarrollo y un esfuerzo del que espera retorno. Según un informe de Cornerstone y Lighthouse[1] sobre los componentes básicos para movilizar talento de alto impacto, los empleados necesitan la libertad, la motivación y las habilidades para estar preparados para nuevos retos dándoles así un sentido de pertenencia. La conclusión de dicho estudio indica que «los empleados quieren crecer y ya no se comprometen con un empleador para toda la vida».

Sin embargo, la decisión no es sencilla, no basta con designar a alguien. La edad es una variable importante porque supone un cambio más o menos profundo (en función del destino) de entorno de trabajo, muchas veces de idioma, de hábitos de vida, de cultura y afecta de forma distinta si se tiene 30-35 años o si se tiene 45-50 años.

En todas edades la propuesta es una oportunidad profesional y una ocasión extraordinaria de fortalecer la marca personal (*self branding*) para rentabilizarla a la vuelta. Pero es muy probable que una persona de la generación Z o de la Y enfoquen la ocasión de forma distinta a como lo haga alguien de la X o del *baby boom* y esto determina, en buena medida, el paquete retributivo que se ofrezca.

Para las generaciones más jóvenes, la expatriación ya tiene en sí misma valor de compensación por lo que tiene de confianza, aprendizaje y oportunidad de crecer. Desde mi experiencia, las nuevas generaciones Y y Z buscan salir como medio para desarrollarse, pero sin el compromiso ni siquiera del retorno. En estas generaciones hay una demanda de flexibilidad laboral, no quieren ataduras y apuestan por modelos más flexibles que les permitan viajar y cambiar su residencia con facilidad y en muchos casos piden asignaciones virtuales donde se pueda trabajar en ubicaciones de su elección, es decir, trasladar el trabajo al lugar del empleado y no al revés. A esas edades, la mayoría ya han viajado y desarrollado sus estudios en varios países y están imbuidos de una cultura más emprendedora; quieren salir para poder aprender y, quizás, montar su propia empresa. El nivel de compromiso con la organización es a corto plazo más que buscando una carrera a largo plazo como podía ocurrir con los *boomers*.

En su momento, las generaciones *baby boom* y X buscaban desarrollo profesional a largo plazo en la misma empresa, cambiando de país si era necesario, pero siempre dentro de la misma organización. Hoy la expatriación es vista por ellos como una de las últimas oportunidades de ahorrar y obtener ingresos más altos que aseguren un buen retiro.

En el momento de la repatriación, el punto de vista del joven y el de más edad también es distinto. El joven vuelve con experiencia y el mayor con experiencia renovada y ambos quieren ver reconocido el esfuerzo, el sacrificio y un perfil enriquecido. El problema es el encaje en la organización de personas con talento en las que se ha invertido y con las que hay un compromiso.

Vamos a ordenar estas ideas para su uso práctico. Para aportar realidad y veracidad a las afirmaciones aportaré la experiencia vivida por mí y mi familia.

1. Carrera profesional, una secuencia sencilla llena de decisiones críticas

Las crisis han obligado a las empresas a salir y buscar nuevas alternativas de negocio. La globalización, las facilidades de movimientos en Europa, así como acuerdos bilaterales en seguridad social han animado y ayudado.

Para la empresa, la apuesta por la internacionalización responde a nuevas oportunidades de crecimiento y trasladar nuestro *know how* a países donde nuestro producto o servicio no está tan desarrollado. Tras analizar los riesgos del país de carácter fiscal, legal, político, económico, social, etc., la decisión de expandir el negocio conlleva la decisión de si habrá que hacerlo con personal propio o personal local.

Dada la dificultad de encontrar en el país de destino profesionales locales que encajen con nuestra forma de hacer las cosas y que coincidan con nuestros valores y cultura, la opción más razonable es movilizar, es decir, expatriar. En este sentido, las grandes organizaciones ya tienen su organigrama creado y orientado a la expatriación de determinadas figuras como la dirección general, que es una figura de confianza dentro de la organización, director financiero o de operaciones, que conocen los procesos internos y agilizan la gestión. En España, nos gusta más trabajar con quien conoce la empresa y el negocio desde dentro que confiar en directivos locales que tienen que adaptarse a nuestra cultura.

En 2021, InterNations[2] realizó una encuesta *online* entre 12 420 expatriados de 174 nacionalidades de la comunidad InterNations residentes en 186 países.

Entre los españoles, la edad media de los expatriados es de 41.3 años. Por género, no parece haber diferencias, sin embargo, un 60 % tiene alguna relación. En general, su nivel educativo es alto (57 % están graduados) y la mitad de los expatriados (52 %) afirman que su carrera fue la razón más importante para mudarse a otro país. Los 3 aspectos principales son: el balance trabajo vida-personal (63 %), una buena compensación y buenos beneficios (54 %), y dedicarse a tareas creativas e interesantes (29 %).

Aceptar o solicitar la expatriación, además de ser visto como una oportunidad de crecimiento, resulta interesante por lo que supone de incremento en los ingresos. Hay que resaltar que la compensación ligada a expatriación ha ido cambiando en los últimos años. Cada vez más la propuesta se realiza ofertando contratación local con un paquete retributivo mucho más ajustado a los costes que la empresa se pueda permitir y no manteniendo el contrato en origen. Antes, salir suponía un ahorro importante para el trabajador que suplía el esfuerzo del traslado con la ventaja económica ofrecida por la empresa.

En cualquier caso, para el trabajador la movilidad requiere un encaje con el momento personal y familiar que se vive. Si no se tiene o si se tiene familia o si se tiene los cambios en torno a la educación de los hijos, etc., son aspectos que la empresa no puede olvidar porque el éxito también depende del impacto emocional que estas circunstancias conllevan. La realidad es que las personas que van solas, normalmente las nuevas generaciones, tienen menos dificultades porque la adaptación es unipersonal, si la movilidad es de toda la familia se complica. De cualquier forma, lo normal es ofrecer que la familia se traslade y que esto sea una decisión del colaborador.

Si analizamos cuál ha sido uno de los principales problemas que las multinacionales han tenido a la hora de salir fuera, nuestra respuesta es clara: la capacidad de adaptación del personal al que movilizas. No basta la solidez técnica, resultan igual de críticas o más las competencias multiculturales para desenvolverse en entornos sociales distintos. Los más jóvenes muestran una mayor adaptación porque muchos de ellos ya han tenido la experiencia, han viajado más, en ocasiones manejan hasta dos idiomas y están socialmente más abiertos. Además, aceptan los retos, les gusta explorar y resolver problemas por sí mismos y son más tolerantes con la diversidad. Ahora bien, dado que están más orientados a los resultados que a la presencia, el *feedback* y el seguimiento de su desempeño es clave para mantener vivo su entusiasmo.

En el caso de los de más edad, por encima de los 45 años, los hábitos están más enraizados y el tipo y cantidad de cambios a los que se enfrentan son más desafiantes (familia, idioma, hacer nuevas amistades, nuevos jefes, etc.). Aunque son más disciplinados, menos conflictivos, más fieles a la empresa y conocen mejor el negocio, su desempeño y adaptación se verán mejorados si se valora su papel de embajadores y de transmisores de conocimiento y se les da un claro papel de líderes.

No obstante, requerirán apoyo con los idiomas y la seguridad de que a su regreso verán reconocido el esfuerzo, bien con una posición relevante en el país de origen, bien con un rol protagonista o bien con una retribución atractiva que asegure el retiro.

2. La oferta

Además de una política (el 77 % de las empresas a nivel mundial cuentan con una política desarrollada) que debe ser constantemente auditada y revisada, la expatriación conlleva muchos aspectos a tener en cuanta: análisis fiscal, seguridad social, pensión, relaciones laborales, seguros, compensación, *relocation*, etc. Siempre será necesario disponer de información comparada del sector.

Para adaptarse a las nuevas necesidades del mercado, debemos contar con un paquete retributivo definido desde el inicio. La movilidad no es solo un nuevo reto profesional, resulta necesario comunicar todas las condiciones económicas que esto conlleva[3].

En la tabla 11.1 se define lo que más preocupa por generaciones dentro del paquete retributivo, siendo * Poco, ** Medio. ***Alto.

Tabla 11.1 Preferencias de jóvenes y mayores respecto al paquete retributivo

Concepto	Jóvenes (Z y Y)	Mayores (X y BB)
Salario fijo	**	***
Variable	*	**
Beneficios	***	*
Plan de pensiones	*	***
Seguro de vida	*	**
Seguro de salud	***	***
Seguro de accidentes	**	**
Seguridad Social (cotización en origen o destino)	*	***

Concepto	Jóvenes (Z y Y)	Mayores (X y BB)
Cobro de salario (si en origen o destino)	*	***
Plus de expatriación (diferencia coste de vida; peligrosidad)	***	***
Promoción y carrera a la vuelta	***	**
Plus de vivienda	***	***
Colegio de hijos	*	***
Apoyo IRPF	*	**
Viajes propios y de la familia	**	***
Bolsa de dinero autogestionada	***	*
Revisión salarial por fluctuación de moneda	*	**
Cursos de idiomas (incluida la familia)	***	**
Mudanza y gastos de primera instalación	*	**
Gestión administrativa de la migración (incluida la familia)	**	***
Programas para la adaptación cultural al país de destino	*	**
Plan de retorno anticipado por situaciones excepcionales	*	**

Es indudable que estos conceptos deberán ajustarse a las personas (su situación familiar actual y su nivel en la organización) más que al hecho de tener una determinada edad, pero no se puede obviar que el momento vital en el que se encuentra una persona determina sus preferencias y por tanto la negociación.

Cabe mencionar que en la negociación la empresa ofrece una protección fiscal a la persona que moviliza manteniendo la misma carga fiscal que la que hubiera soportado en el caso de no haber sido desplazado. Dependiendo de la empresa, este pacto de asunción del sobrecoste o del ahorro fiscal para el trabajador puede aplicarse sobre los conceptos retributivos que la empresa asigne.

La información y referencias que se obtengan sobre el país de destino es clave para saber con qué dificultades se puede encontrar la persona, es decir, barreras culturales, idioma, tradiciones, horarios de todo tipo, etc. Actualmente, se pueden encontrar grupos de expatriados en todos los países que son una buena vía de conocimiento. En el caso de los más jóvenes esta labor de búsqueda de referencias no supone un problema porque desde que se deciden por una ubicación empiezan a establecer los contactos a través de amigos o personas que les puedan ayudar. Las generaciones más *senior* que, además, se trasladan, en muchos casos, con familia este trabajo de búsqueda se hace más cuesta arriba y es Recursos Humanos quien le facilita los contactos. La preocupación se centra en la familia o se concentra en el trabajo a desarrollar más que en la integración con el país de destino.

3. Preferencias de destino y otras consideraciones

Según InterNations, los países más demandados en 2021 fueron Taiwán, México, Costa Rica, Malasia, Portugal, Nueva Zelanda, Australia, Ecuador, Canadá y Vietnam. Según el estudio sobre la gestión del talento y la movilidad global en un mundo cambiante realizado por Hasennkamp[4] en España, las regiones geográficas más comunes de destino son 76.06 % Europa, 64.79 % Latinoamérica, 45.07 % Estados Unidos.

Como decimos, en el caso de las nuevas generaciones *millennials* (Y) y *zentennials* (Z) la preparación va enfocada a transmitir las ventajas de esta movilidad en términos de carrera más que al reto profesional que demanda las generaciones X o *baby boom* preocupados por el desarrollo de la empresa y por poder aportar su *know-how* y sus conocimientos al país de destino. Estas generaciones de mayor edad tienden a ir a los países más inhóspitos en África o Asia, por ejemplo, donde se enfrentarán a las dificultades y pedirán un paquete que les compense, pero serán fieles a la compañía por el hecho de haberles elegido.

Las generaciones más *senior* que han vivido en varios países tienen el proceso automatizado y aunque la adaptación pueda llegar a ser más complicada, el proceso está claro. En las nuevas generaciones, hay menos cargas a considerar y la decisión, la adaptación y el propio proceso también es fácil.

Desde el punto de vista de la persona que se expatría resulta conveniente no olvidar:

- Decidir qué se va a hacer con la vivienda en propiedad si la posee (alquilar, vender, mantener).
- Informar a los bancos de la nueva situación fiscal.
- Identificar implicaciones fiscales de la salida, pensando en qué momento del año se produce para ser o no residente fiscal en origen o destino.
- Disponer un viaje para conocer el país, el jefe, etc., y preparar la llegada de la familia.
- Realizar la búsqueda de vivienda y colegios lo antes posible anticipándose a la llegada.
- Organizar la mudanza.
- Solicitar a la empresa formación en multiculturalidad y ayuda para atender a la familia (servicios de recolocación: ayuda en la búsqueda y negociación de condiciones de vivienda, colegios, búsqueda de trabajo del cónyuge, etc.).

4. Retorno del talento

La vuelta a casa es el final del viaje, pero no de la aventura. La repatriación de profesionales puede ser un proceso delicado y desafiante para la persona y la empresa. El profesional que se repatría puede experimentar desubicación, choque cultural, dificultad para encontrar una posición igual o mejor a la que tenía en el extranjero y dificultades para adaptarse a la vida en su país de origen después de haber estado fuera por un tiempo. Es importante que las empresas que envían a sus empleados al extranjero tengan en cuenta el proceso de repatriación y proporcionen apoyo y recursos para facilitar la transición de regreso al país de origen.

Es importante que tanto la empresa como el trabajador tengan claro el nuevo encuadramiento tanto profesional como salarialmente. El problema es que las empresas no han encontrado la fórmula que evite la desmotivación por expectativas no cumplidas o, lo peor, la fuga de ese talento al regreso. La solución resulta complicada porque los negocios sufren cambios y lo que pudo prometerse al ir puede que ya no se pueda cumplir al volver. Una alternativa que se utiliza es volver a enviar a la persona a otro destino y no retornarle al país de origen puesto que en dicho país las oportunidades de mejora sobre lo ofrecido en la expatriación no aportan un valor añadido a la persona. Pero esto es posible si la persona está dispuesta a seguir expatriado. Cuando la persona no quiere seguir estando fuera, otra alternativa sería ofrecer servicios de *outplacement* para que, al menos, se viese acompañada por la empresa en la búsqueda de nuevos retos profesionales más acordes a sus intereses y fuera del vínculo con la empresa.

Además, a la vuelta, la persona tiene que mimetizarse en la organización desde donde salió y, en muchos casos, el perfil profesional que vuelve es muy distinto al que salió porque ha evolucionado, pero, en otros casos, el perfil que vuelve, aun siendo el mismo, quien ha cambiado es la persona y no se adapta a la organización o el recibimiento de los excompañeros puede no ser la esperada.

El joven que se expatría es talento en bruto que vuelve pulido, aunque no del todo y la inversión realizada en él y en la empresa debe retornar en forma de perfil mejorado y enriquecido de experiencia. La vuelta del mayor es otra cosa, con él se expatrió talento que se aprovechó en el país de destino y al volver, la experiencia vivida debería, como en el caso del joven, almacenarse para futuras ocasiones y futuros expatriados, pero más detallada porque puede ser materia para los procesos de *mentoring*.

Si bien un objetivo fundamental en el retorno es aprovechar el talento, no se deben olvidar otros aspectos prácticos:

- **Impacto fiscal.** Al igual que ocurrió al salir del país cuando regresa habrá que analizar su situación fiscal en el año de vuelta reconociéndole como contribuyente fiscal en el país de origen o destino.
- **Condiciones salariales.** Qué oferta económica vamos a trabajar para que le pueda resultar suficientemente atractiva la vuelta.

- **Mudanza.** Recuperar pertenencias (casa alquilada, venta de muebles de destino). Cómo vuelve la persona, en qué situación personal se encuentra y cómo ayudamos a esta transición facilitando mudanza o empresas de *relocation* que ayuden en la salida del país.
- **Apoyo en la recuperación y renovación del *networking*.** Personas que han estado fuera durante mucho tiempo han perdido los referentes en la propia empresa y habrá que realizar con ellos un plan de introducción para dar a conocer a las personas actuales y reubicarle en el departamento en el que tenga la nueva posición.

La experiencia de vivir fuera te enriquece en todos los sentidos y de lo que no cabe duda es que el talento que retorna si no se aprovecha es desperdicio para la persona, la empresa y el país. A los jóvenes cabría recordarles que la vida es cada vez más larga y hay tiempo para vivirlo todo, que no desaprovechen oportunidades de expatriarse. A los más mayores también se les podría decir que nunca es tarde para hacer crecer su fondo de comercio.

Parte 4

ENTORNOS SALUDABLES

12. Entornos saludables como herramienta para el compromiso y la gestión de personas adaptados a todas las edades

Mónica G. Ingelmo

Benefits, HR Operations & Wellness manager de Masorange y miembro del claustro de la Universidad de Salamanca

La salud, la seguridad y el bienestar de las personas son fundamentales para la productividad, la competitividad, la sostenibilidad de las empresas y la economía de los países. Según un informe de la Organización Mundial de Salud[1] dos millones de hombres y mujeres fallecen al año como consecuencia de accidentes de trabajo o enfermedades relacionadas con el mismo. Los riesgos psicosociales se consideran los riesgos emergentes del siglo XXI por la digitalización de la sociedad[2]. Además, se calcula que el 8 % de las depresiones diagnosticadas tienen origen laboral.

La Red Europea para la Promoción de la Salud (ENWHP) en el lugar de trabajo, a través de la Declaración de Luxemburgo de 1997, estableció la importancia de aunar los esfuerzos de los empresarios, los empleados y la sociedad para mejorar la salud y el bienestar de las personas en el lugar de trabajo. «Gente sana en empresas sanas», con este objetivo se marca un hito en el cuidado de la salud de las personas en las organizaciones: como indica la OMS: «La salud no es solo la ausencia de enfermedad, sino el bienestar físico, psíquico y social del individuo»[3].

Las empresas ya llevaban varias décadas trabajando en iniciativas de salud, pero a partir de la publicación en el 2010 del informe *Entornos laborales saludables: fundamentos y modelo de la OMS* se establecieron los precedentes de los programas globales de salud que se gestionan en la actualidad, incluso bajo estándares de sistemas de gestión con niveles de exigencia elevados, con objetivos e indicadores definidos. A pesar de que en muchos casos las iniciativas forman parte de una moda en torno a la salud laboral, son muchas las empresas que integran sus programas de salud corporativa en los planes anuales de prevención laboral, con seguimiento periódico de la Dirección.

1. La nueva empresa saludable

Una empresa saludable no es solo la que cuida la salud de los empleados, sino la que cuenta con un programa holístico. Se trata de organizaciones que ponen al empleado en el centro y evalúan todos los aspectos de la realidad empresarial en un sentido global, organizacional y transversal. Este tipo de organizaciones trabajan en asegurar un estilo de liderazgo saludable, el ambiente psicosocial del trabajo, la salud financiera y los espacios de trabajo. Una organización saludable diseña horarios flexibles, medidas de desconexión, nuevas formas de trabajo y se preocupa por la convivencia intergeneracional desde una perspectiva diversa. Además, maneja indicadores y datos epidemiológicos de los empleados e incluye en sus planes el retorno a la sociedad.

El modelo de entorno laboral saludable que promueve la OMS recoge cuatro grandes ámbitos de actuación:

- El entorno físico del trabajo que pueden generar riesgos para la salud de los empleados.
- El entorno psicosocial, que incluye los aspectos de la organización del trabajo y la cultura organizacional, como valores y aptitudes, que pueden afectar a la salud de las personas.

- La atención y promoción de la salud en el trabajo.
- La implicación de la empresa en la salud de la comunidad o impacto social.

En este momento clave de transformación del mercado laboral, el bienestar de la organización, integrado en la *employee value proposition,* es fundamental para la mejora de la eficiencia corporativa, la atracción y la retención del talento. Es por ello por lo que los programas de bienestar corporativo se consideran en la actualidad un elemento diferenciador del paquete de compensación. Las políticas de bienestar corporativo y el cuidado de la salud generan un vínculo emocional de pertenencia difícil de igualar por otro tipo de elementos de compensación. El interés de la empresa por las personas que trabajan en ella contribuye a generar un clima de confianza, potenciando el compromiso y la motivación de los empleados.

Las empresas ya no hablan solo de prevención de riesgos laborales sino de salud, en sentido global y transversal. Implican al empleado en el cuidado de su salud, como agente que decide, desde una nueva realidad que tiene en cuenta plantillas diversas y entornos de trabajo multigeneracionales, donde cada generación tiene distintas necesidades y percepciones sobre la salud y las expectativas sobre el trabajo.

En la actualidad conviven en las empresas cinco generaciones, Veteranos, *baby boomers*, generación X, generación Y y generación Z y aunque no es solo la edad lo que determina el perfil del empleado, sí que es un factor que se debe tener en cuenta en la planificación preventiva y en la forma de comunicación de los planes, ya que en función de la edad varía la percepción del riesgo de enfermar o el interés sobre la propia salud. Además, la actitud hacia valores como el sacrificio, la competitividad o la orientación al logro u otros aspectos como el interés por el aprendizaje o la tecnología, que no se perciben de la misma manera en todas las generaciones, hacen necesario adaptar el diseño de las acciones de los planes de salud para conseguir la participación activa y movilización de los empleados. Así, para la generación del *baby boom* el trabajo y el estatus son el centro del desarrollo vital «somos lo que hacemos», modelo que se ha desplazado en las siguientes generaciones y ha cobrado relevancia el balance entre la vida personal y profesional o los espacios de ocio.

La gestión de cinco generaciones que trabajan juntas, desde diferentes ubicaciones[4], y con distintos valores, habilidades y formas de trabajar, supone un reto desafiante para las organizaciones y sus procesos, pero también una oportunidad para transformar e innovar en las áreas de Recursos Humanos. Cada generación percibe su salud de manera distinta[5] y tiene una actitud diferente respecto a ella. Los *boomers* son más reacios a hablar sobre la salud psicosocial o la gestión del estrés laboral, mientras que los miembros de la generación Z están más expuestos a la hiperconexión digital. Esto supone, para los primeros, incluir en nuestros programas acciones de sensibilización sobre el impacto del estrés en la salud y cómo manejarlo y, para los segundos, rutinas de desconexión que se correlacionen con una correcta higiene del sueño.

En la gestión de la diversidad generacional desde una perspectiva de la salud laboral, hay que tener en cuenta que, hasta hace unas décadas, la gestión preventiva no estaba basada en la promoción de hábitos saludables, sino más bien en medidas de índole reactiva.

Una vez tomada la decisión estratégica de adoptar una política de salud con mayor peso en la prevención, el mayor reto es implementar una cultura de salud, a través de la concienciación y generación de hábitos saludable y para ello resulta imprescindible implicación y compromiso de la Dirección, que se materializa con su liderazgo, participación, seguimiento y asignación de recursos. El objetivo es buscar el compromiso mutuo.

2. Datos y más datos

Con la tecnología como aliada, son necesarios para la gestión empresarial y en el caso de los programas de bienestar corporativo no iba a ser una excepción. El análisis detallado del perfil de los empleados de la organización, así como los datos epidemiológicos de la plantilla, permite adaptar las iniciativas de salud a la realidad de nuestra organización y poder segmentar nuestra solución en función del tipo de personas que trabajan en la empresa. La edad y la perspectiva de género son aspectos fundamentales en el diseño de los planes de salud. Es decir, para los programas de bienestar corporativo, como en muchos de los procesos de recursos humanos, la toma de decisiones basadas en datos, la personalización y la segmentación son claves en la planificación y diseño de las iniciativas.

Los programas de bienestar organizacional deben definirse con base en criterios epidemiológicos y en torno al ciclo de vida personal y profesional del empleado y adaptarse a las circunstancias de las personas y a su momento vital. La escucha activa del empleado, la segmentación por colectivo, considerando las distintas generaciones que conforman la plantilla, la personalización, la gestión de la diversidad o la retroalimentación a través del *feedback* son claves para la generación de valor de los planes de salud. Aspectos como la percepción del bienestar por cada generación será determinante para la configuración de los planes de salud. Así, por ejemplo, la percepción del bienestar de la generación X está asociada a la conciliación de la vida profesional y personal, teniendo predisposición por la formación continua y la curiosidad por el aprendizaje. Si nos centramos en las personas de la generación Y, estas presentan una percepción del bienestar asociada a la flexibilidad, la virtualización de los programas y manifiestan apertura a las iniciativas de salud psicosocial, así como a la introducción del juego y a la diversión en las acciones. Esta generación Y es más consciente y sensible a los riesgos asociados a la salud emocional, viven en un mundo hiperconectado, con interés en acciones con propósito o solidarias.

La pandemia de la COVID-19 ha modificado el paradigma de los planes de salud corporativos y las medidas de conciliación. Además, ha puesto de relieve la importancia del acceso a los recursos de salud, ha modificado la propia percepción del individuo sobre el riesgo de perder la salud, y ha intensificado la necesidad de trabajar sobre los factores de riesgos asociados a las patologías psicosociales. La depresión continúa siendo la principal patología entre los trastornos mentales y es dos veces más frecuente en las mujeres que en los hombres. Vivimos en un momento de revolución de los planes de bienestar corporativo en el que cada vez más estos programas forman parte de la cultura empresarial, con especial foco en las iniciativas relativas a la salud emocional.

Las nuevas formas de trabajo han introducido una nueva realidad empresarial que ha hecho necesario adaptar los programas de salud debido, entre otros factores, a la necesidad de mantener cohesionado al equipo y evitar el aislamiento. Es decir, el teletrabajo puede incrementar los factores de riesgo que provocan una enfermedad psicosocial (por ejemplo, reducción de necesidades sociales, hiperconexión y dependencia digital, pérdida del sentido de pertenencia o ausencia de propósito). Los ergónomos tienen ahora el desafío de trasladar los diseños de la oficina a los domicilios de los empleados. En este sentido, el haber pasado de un teletrabajo de urgencia a un nuevo modelo de trabajo requiere, por una parte, de aprendizaje, como la necesidad de realizar pausas activas y, por otra, la dotación de medios, como por ejemplo los filtros que eviten brillos en la pantalla.

De nuevo en este aspecto hay que analizar el perfil del empleado para poder planificar la actividad preventiva. Por ejemplo, los empleados más jóvenes sin experiencia en el mundo laboral que han iniciado su experiencia profesional en entornos de trabajo en remoto, o las personas de nueva contratación que pueden tener dificultades para establecer contactos en la organización, o también los empleados que son vulnerables por una mayor dificultad al acceso y uso de las tecnologías, todos estos colectivos deberían considerarse en los programas para evitar, por ejemplo, el riesgo de aislamiento.

La tecnología y la digitalización puede contribuir a la segmentación por colectivo y a la personalización de los programas, adaptando así los planes de salud a los distintos perfiles o generaciones de empleados en la organización. Antes los programas estaban enfocados en acciones presenciales con un alcance limitado por la capacidad de los espacios u horarios. Sin embargo, ahora podemos planificar *webinars,* pódcast, etc. Por ejemplo, muchos de los retos deportivos actualmente son virtuales pudiendo llegar a pequeños colectivos o grupos con dispersión geográfica.

Por otro lado, los medios digitales, como la videoconsulta o las recetas electrónicas, han permitido llegar a personas a las que por la distancia física no era posible. Los procesos *self-service* para el empleado, además de ser más *user-friendly* han reducido los tiempos de gestión para el empleado y para los gestores. La tecnología la digitalización nos permite democratizar las iniciativas de salud, debido a la industrialización de los procesos y abaratamiento de los costes. Un ejemplo de ello son las soluciones digitales de *coaching* y apoyo emocional que están permitiendo a las empresas hacer extensivas estas prácticas a la totalidad de las plantillas. El desarrollo de nuevas tecnologías nos permitirá encontrar soluciones que hasta el momento no nos habíamos planteado, existiendo ya experiencias disruptivas en el campo de la inteligencia artificial o en el análisis predictivo de los datos.

3. Enfermedades no transmisibles

El estudio del perfil de nuestros empleados en el contexto del Plan de Acción Mundial de la OMS para la Prevención y Control de las enfermedades no transmisibles[6], nos permitirá establecer las iniciativas de salud a incluir en nuestro programa de bienestar corporativo con el objetivo de reducir los factores de riesgos asociados a estas enfermedades y que pueden ser modificados a través del comportamiento, como el consumo de tabaco, la inactividad física, la dieta poco saludable o el consumo nocivo de alcohol.

Los principales tipos de enfermedades no transmisibles son las enfermedades cardiovasculares (como los infartos de miocardio y los accidentes cerebrovasculares), los cánceres, las enfermedades respiratorias crónicas (como la enfermedad pulmonar obstructiva crónica y el asma) y la diabetes. Las enfermedades cardiovasculares representan la mayor parte de la mortalidad motivada por enfermedades no transmisibles[7], seguidas por los cánceres, las enfermedades respiratorias crónicas y la diabetes. Aunque el envejecimiento es un factor de riesgo asociado según los datos de la OMS, las enfermedades no transmisibles afectan a todos los grupos de edad, regiones y países, impactando en la calidad de vida de las personas. El consumo de tabaco, el sedentarismo, el consumo nocivo de alcohol y las dietas no saludables aumentan el riesgo de sufrir una enfermedad no transmisible.

Un consumo no saludable de sal incrementa el riesgo de sufrir cardiopatías, como los accidentes cerebrovasculares[8]. La concienciación sobre la necesidad de reducir el consumo de sal o la importancia de campañas de información sobre el etiquetado de los alimentos puede ser una herramienta útil en los programas de bienestar organizacionales.

La mejor forma de reducir las enfermedades no transmisibles es trabajar para reducir los factores de riesgo de estas enfermedades, junto con las medidas de detección temprana[9]. Cuando las empresas, a través de los programas de bienestar corporativo, crean una cultura de hábitos saludables (alimentación equilibrada, buen nivel de actividad física, higiene del sueño, medidas adecuadas para reducir el estrés, medidas sobre el buen uso de la tecnología, etc.), contribuyen a la modificación de los riesgos asociados al comportamiento de la persona y tienen un impacto positivo en la sociedad, más allá de la salud de los empleados a través de las familias, colaborando así a la creación de una sociedad más sana y sostenible que abre la empresa más allá del espacio de trabajo.

La Agenda 2030 para el Desarrollo Sostenible reconoce que las enfermedades no transmisibles son un reto para el desarrollo sostenible de las empresas y la economía de los países. Se calcula que, de forma global, por cada euro invertido en un programa de bienestar corporativo, el retorno de la inversión será de 3 euros[10]. Implementar una estrategia formalizada para mejorar el bienestar corporativo de los empleados es un elemento fundamental para mejorar el desempeño organizacional e individual y la vez controlar los costes laborales.

Seis de cada diez problemas que generan un mayor coste sanitario coinciden con los que más afectan a la productividad (fatiga, depresión, dolor de cuello y espalda, etc.)[11].

4. Factores clave para implantar una cultura de empresa saludable

Posiblemente uno de los elementos que mayor influencia tienen en la generación del compromiso y en el impacto en el modelo es la comunicación. Esta debe adaptarse de nuevo al perfil de empleado, incluyendo también la edad y considerando las preferencias de cada generación para el consumo de información o la exposición a la tecnología de cada colectivo. De esta forma, debemos adaptar los canales de comunicación al tipo de colectivo y generación a la que nos dirigimos, un ejemplo de ello es la sustitución de las *newsletters* corporativas por los mensajes distribuidos por otro tipo de canales como por ejemplo WhatsApp o las redes sociales internas.

Aunque las personas de la generación X[12] saben manejarse bien en las distintas redes sociales y perciben como una ventaja la facilidad de las gestiones *online*, están abiertos a canales de comunicación que no impliquen el uso de las TIC. Sin embargo, los miembros de la generación Z buscan la inmediatez, no precisan contacto personal de la misma forma que otras generaciones, así como tampoco la comunicación verbal. Estas personas prefieren el uso masivo del *smartphone* y tienen una mayor predisposición al uso de las redes sociales. Para los empleados que pertenecen a la generación Y lo digital y lo físico forman parte de una realidad integrada.

Otra de las palancas para obtener este compromiso es la escucha activa y la cultura colaborativa como herramientas para la retroalimentación y personalización del programa. Las plataformas de trabajo colaborativo, las redes sociales internas o la figura de los embajadores pueden ser un elemento clave para la difusión en la empresa del programa. No podemos ignorar la correlación entre salud y productividad[13], pero además se debe tener en cuenta el impacto en la productividad de la percepción del empleado. Cuando una persona percibe el interés del empleador por su salud, se incrementa su compromiso y el sentimiento de pertenencia.

Los entornos saludables emocionalmente inteligentes no solo tienen un impacto positivo sobre las tasas de absentismo, sino que la salud física y psicosocial de los empleados generan compromiso, incrementan la creatividad, mejoran la motivación, el orgullo de pertenencia y el clima laboral. Suponen, además, un elemento diferenciador para la atracción y retención del talento y posicionan a las organizaciones como empleadores de referencia. La generación de entornos laborales con seguridad psicológica permite que el talento pueda desarrollarse eficazmente y mejorar el desempeño organizacional.

Vivimos un momento clave de transformación del mercado laboral, debido a la digitalización y a las nuevas formas de trabajo en el que conviven cinco generaciones diferentes en las organizaciones. La incertidumbre económica, el impacto en la salud emocional de la pandemia de la COVID-19, los riesgos psicosociales como riesgo emergente de una sociedad digitalizada, el envejecimiento de las plantillas o la necesidad de mantener la cohesión y el sentimiento de pertenencia en la implantación de los modelos de trabajo híbrido, hace que las organizaciones estén integrando en su estrategia de Recursos Humanos y Cultura los programas de bienestar corporativo, como una herramienta además de diferenciación empresarial.

13. La ciencia del bienestar corporativo. *Insights* para el alto desempeño intergeneracional

Nítida Pastor

Directora Europea Area Médica, Reckitt-Nutrición. Profesora Asociada en IE Business School e Imperial College (IVMS)

1. Introducción: el desafío del bienestar empresarial

El cambio demográfico, la prolongación de la vida laboral, la confluencia de diversas generaciones y el creciente compromiso con la diversidad, están dando lugar, si no lo han hecho ya, a una preocupación por el bienestar como variable a integrar en la gestión preventiva de la salud en las empresas. Este concepto es un eje fundamental en la sostenibilidad y rendimiento organizacional.

Para que el desempeño en un puesto de trabajo se lleve a cabo de una manera adecuada, independientemente de la edad, tipo de trabajo y cultura empresarial, es necesario, aparte del aprendizaje continuo, la implantación de programas de salud. El impacto va más allá de la sostenibilidad del empleo; tiene, además, repercusión en la sociedad y el bienestar general de la organización. fomentando una cultura más inclusiva y resiliente.

En un entorno laboral cada vez más diverso, las estrategias empresariales deben considerar cómo cada generación enfrenta el estrés y cuida su salud. La inclusión de factores como el *burnout* en la Clasificación Internacional de Enfermedades (CIE-11) por parte de la OMS refleja la seriedad del abordaje. Y las estrategias de prevención en salud considerando la diversidad en general y la generacional en particular una guía a seguir.

2. Estrés: un fenómeno individual y colectivo

Las razones detrás de esto son evidentes. Las actividades profesionales y personales que implican responsabilidades o toma de decisiones, las que nos someten a estimulaciones demasiado rápidas o variables, o aquellas en que los ritmos biológicos se ven sistemáticamente violentados, están presentes en mayor o menor grado en todas las posiciones y tienen un efecto residual y permeable. Residual, porque a la vez que hay un aprendizaje y una superación personal, también se generan experiencias que no siempre son positivas y crean alarmas inconscientes ante situaciones similares que dan lugar a alteraciones de sueño, cambios de alimentación, falta de concentración, contracturas musculares, molestias digestivas etc. Permeable, porque son consecuencia una de otra. Pensamos que nuestro cerebro está en la cabeza, y olvidamos que está distribuido en todo el cuerpo e intraconectado.

En estas circunstancias, determinados patrones personales de conducta como la nutrición (qué comemos, cuándo y cómo), el sueño (cuánto y calidad), ejercicio físico y actividades de ocio o desconexión sufren cambios. Estos cambios son muy versátiles en cuanto a su persistencia e intensidad y afectan de manera diferente a cada individuo y a la adaptabilidad al salir o entrar en nuestra zona de confort. Podemos decir, además, que estos cambios en nuestros patrones de comportamiento no solo dependen de la ocupación o puesto de trabajo, sino también de las propias ambiciones y de la situación y cultura de la empresa. El momento de la carrera profesional y la progresión, las necesidades económicas, la estabilidad del puesto en la compañía, la relación con el equipo y ambiente de trabajo, la apreciación del trabajo realizado, el respeto como individuo, la claridad de información por la dirección, la situación financiera del negocio, entre otras variables, son pilares básicos que afectan directamente al rendimiento en el puesto de trabajo y a la salud propia y del equipo y familia.

3. Identificar las variables que condicionan el estrés: la etapa pre y el porqué de la prevención

Cuando publiqué mi primer libro sobre el uso popular de plantas y alimentos medicinales, y su correspondencia con la evidencia científica, me retaron a escribir sobre el impacto de la nutrición y plantas medicinales sobre el estrés y sobre qué tomar para estar a pleno rendimiento y con energía. Tuve ocasión de entender la situación de estrés como algo individual, y el impacto de la nutrición y plantas medicinales como algo personalizado[1].

Mi interés fue estudiar cómo los patrones de conducta habitual se veían afectados antes, durante y después del desarrollo de iniciativas importantes y qué relación había con la alimentación y el uso de plantas medicinales. Para ello estudié dos grupos de personas con proyectos diferentes: estudiantes de máster (MBA) y emprendedores.

Desarrollé un cuestionario para explorar el impacto en los patrones de conducta reconocidos como básicos para el bienestar; alimentación, sueño, ejercicio físico y actividades de ocio-desconexión, y observé que ambos grupos experimentaron desviaciones en su patrón promedio de comportamiento antes, durante y después del curso o del lanzamiento del proyecto empresarial, pero con un impacto residual distinto.

En el caso de los estudiantes de posgrado se trataba de identificar cómo la conducta antes de empezar el máster se veía alterada, qué pasaba durante el curso lectivo y qué después de terminar el programa. En el caso de los emprendedores, me centré en el antes de lanzar la empresa, durante el lanzamiento y, después, una vez consolidado el lanzamiento. Esta información con todas sus limitaciones me permitió clasificar y tener un patrón de conducta donde la etapa pre, que a menudo nos saltamos, cobra importancia y está muy ligada a los hábitos desarrollados previamente y que previenen el estrés.

En resumen, y como hipótesis de partida válida para futuros estudios, cualquier proyecto personal puede afectar a la alimentación, al sueño, al ejercicio y a las actividades sociales, pero la pregunta clave que nos podemos plantear tiene que ver con si estas desviaciones son reversibles y cuánto y cómo minimizar el impacto negativo ante una nueva iniciativa. A partir de estas observaciones surgieron hallazgos interesantes que comento a continuación.

4. Resultados

Los principales hallazgos reflejan la variación en todos los parámetros: falta de ejercicio físico, menos horas de sueño y de peor calidad, nutrición no balanceada (sobrecargada) y disminución de actividades de ocio o desconexión, antes durante y después, siendo más acusado en el caso de los emprendedores.

Todas las áreas se ven afectadas en mayor o menor medida con cierta tendencia a un estrés inicial, que se exacerba durante el proyecto y no vuelve a la situación de partida aun después de acabar, y con diferencia negativa según edad y proyecto. Las alteraciones de sueño persisten, la pérdida de hábito de ejercicio físico tiene una recuperación, pero no es inmediata, y la alimentación saludable tiene un rango de respuesta muy amplio.

Entrando en algunos detalles, es interesante comentar que, respecto al patrón de sueño, el estrés lo causaba dormir solo 4-6 horas o dormir 8 horas o más, o dormir de manera interrumpida (la sensación de no descanso independiente de las horas), y la principal razón era no poder controlarlo.

Por lo que se refiere a las actividades de ocio-desconexión, en generaciones más jóvenes, la razón más común era la falta de tiempo para organizar planes y estar conectado a actividades ajenas al trabajo; en colectivos de más edad era la falta de energía para hacer algo más que no fuese trabajo.

En la alimentación, la falta de tiempo es el motivo principal del cambio de conducta y los entrevistados son conscientes de que su pauta de alimentación se ve afectada negativamente. Aunque los estudiantes son más positivos ante la idea de tener una dieta saludable, tomar multivitamínicos y recurrir a plantas medicinales o alternativas naturales.

¿Es la edad un factor importante en la gestión del estrés, el proyecto en si o ambos?

El grupo de estudiantes (edad media 28 años) reconoce antes de empezar menos variación en todos los hábitos que el grupo de emprendedores (edad media 39 años), siendo la calidad del descanso el hábito más afectado en los dos grupos (ver tabla 13.1).

Tabla 13.1 Porcentaje de personas que reconoce impacto en la variable referida antes de iniciar la actividad

	Estudiantes	Emprendedores
Ejercicio físico	5.9 %	17.5 %
Alimentación	7.8 %	12.9 %
Calidad de descanso	21.2 %	26.9 %
Actividades ocio	11.8 %	17.5 %

La evolución en las tres fases es diferente en cada grupo, pero el impacto es mayor en los emprendedores, quienes se ven más afectados. Es muy llamativo que casi el 70 % tiene un patrón de sueño alterado, y el 50 % altera todas las variables.

Después de la actividad, el grupo de estudiantes recupera su patrón inicial, y mejora la calidad del descanso y alimentación. En cambio, el grupo de emprendedores no mejora en ninguno de los aspectos evaluados.

Después de la actividad, el grupo de estudiantes recupera su patrón inicial, mejorando la calidad del descanso y alimentación. En cambio, el grupo de emprendedores no mejora en ninguno de los aspectos evaluados.

No sería correcto señalar que el detonante sea la edad, generación o el proyecto. El grupo más joven que estudia un MBA, cuando acaba los estudios, inicia una etapa diferente, llena de retos que quizá todavía no sabe manejar, pero cierra el capítulo anterior. Mientras que los de mayor edad están lanzando su proyecto y su compromiso con la propia idea empresarial (independiente de los momentos críticos de cantidad de trabajo) el retorno de la inversión, los retos de la gestión diaria, la proyección como individuo y la vulnerabilidad asociada al éxito y o fracaso, construye y documenta una mochila real que hay que saber llevar.

¿Predispone el género a una respuesta distinta?

Aunque los comportamientos son muy similares, se aprecia ligeramente un mayor cambio en mujeres estudiantes y emprendedoras antes de la actividad (ver tabla 13.2).

Tabla 13.2 Porcentaje de mujeres y hombres emprendedores que reconocen cambios en los hábitos antes de la actividad

	Mujeres		**Hombres**	
	Estud.	**Empren-dedoras**	**Estud.**	**Empren-dedores**
Ejercicio físico	3.32 %	2.67 %	2.75 %	2.34 %
Alimentación	3.11 %	2.82 %	2.61 %	2.24 %
Calidad de descanso	3.68 %	3.27 %	3.27 %	3.07 %
Actividades ocio	3.26 %	3.00 %	3.00 %	2.55 %

Así mismo, las mujeres muestran una recuperación en general del patrón de normalidad una vez acabada la actividad excepto en lo referente a la alimentación.

En el grupo emprendedor, las diferencias son motivo de especulación, si es la falta de tiempo o elección o prioridades, lo que condiciona la respuesta distinta en ejercicio físico y actividades de ocio en la mujer, frente al patrón que se observa en estudiantes.

La alimentación es la asignatura pendiente en ambos colectivos: Nutrición y peso corporal no están ligados

Los hallazgos sobre los hábitos nutricionales son relevantes, sobre todo ahora que se habla tanto del sobrepeso y se esconden los TCA. Además, con la fuerza de la nutrición personalizada, y la dificultad de llegar a ella, los resultados generales de este estudio llaman a la acción: Quiero resaltar los que se citan a continuación:

- Respecto a la ganancia o pérdida de peso, el 18 % mantiene el peso inicial en los dos grupos; no obstante, existe una mayor tendencia a ganar peso frente a perderlo en ambos grupos, un 57 % que gana vs. un 25 % que pierde. Las diferencias entre los colectivos son mínimas.
- Se apuntan tendencias hacia un mayor consumo de vitaminas y complejos nutricionales entre el grupo más joven, en torno al 20 %.
- El aumento de bebidas estimulantes en ambos grupos es por encima del 60 %.
- La falta de tiempo para no tener una correcta alimentación, la planificación en la compra y el tiempo de preparación no forman parte de la rutina en la mayoría de los casos.
- El 66 % de los emprendedores cita no tener tiempo para comer.

La reflexión sobre la bajada de peso tiene más relevancia en el contexto actual. Las conversaciones giran en la pérdida de peso y no en los nutrientes que hay que incorporar y en el peso adecuado. El 25 % de colectivo con pérdida y sin tener más datos merece la consideración de empezar a hablar de que hay que incorporar y no solo eliminar.

5. Personalización del modelo de resiliencia y prevención

Para trabajar en la resiliencia y en la prevención, los datos anteriores nos sirven como promedio, pero necesitan personalización. Sabemos que el patrón de conducta en situaciones de estrés varía según el tipo y la duración de tarea y el impacto social y personal. Pero las manifestaciones externas e internas son muy distintas.

La pregunta que nos hacemos sobre la influencia que el tipo de tarea, la ambición personal, el estilo de vida y la situación financiera tienen en las etapas en las que nos pedimos un sobreesfuerzo, y cómo impacta en el estrés percibido hay que cruzarla con la relevancia que tienen la cultura empresarial y las estrategias de bienestar implementadas. El denominador común está en nuestra percepción y de lo bien que hayamos trabajado nuestros hábitos de control con anterioridad. Aunque si hay algunos patrones generales exacerbadores, como la demanda física y o mental prolongada, junto a un clima laboral autoritario y sin apoyo o reconocimiento, una ambición personal poco realista, una autoexigencia excesiva, impacto económico, la necesidad de demostrar valía, etc.

Los resultados presentados también sugieren que el compromiso a medio y largo plazo ante una tarea, la edad, el género y el estilo de vida, pueden ser factores que influyan en la capacidad para enfrentar situaciones que consideramos estresantes.

Si se ha trabajado en el desarrollo de hábitos saludables *a priori*, la actitud de prevención está dentro de nuestra impronta de comportamiento y mejora la respuesta ante la situación de sobredemanda. Los hábitos desarrollados previamente son fundamentales. Cuando desarrollamos una disciplina de ejercicio, de alimentación equilibrada, de horas de sueño, y de atención plena nos podremos enfrentar a situaciones que nos sacan de nuestra zona de confort. En estos casos, cuanto mejor esté equipado nuestro coche para el viaje, más confortable, relajado y con mayor posibilidad de éxito y resultados tendremos para llegar a buen término. Y el valor de la empresa apoyando es crítico.

En este sentido, todo lo señalado podría hacer conveniente valorar el perfil sobrio (o flexible) de un candidato a un puesto de trabajo como garantía de buen desempeño. Con ello, se abre el debate de la flexibilidad personal frente a patrones muy estructurados y la capacidad de adaptación al cambio. Los *boomers* tienden a ser más resilientes y a mantener una actitud de trabajar duro. Frente al estrés y como estrategias de afrontamiento, prefieren métodos tradicionales como el ejercicio físico, la lectura y el tiempo en familia. La generación X, con más independencia y adaptabilidad intrínseca, suelen equilibrar las responsabilidades laborales y las personales desde el principio y utilizan una combinación de actividades físicas y aplicaciones tecnológicas, para desconectar.

En cambio, las generaciones posteriores valoran más el equilibrio entre vida laboral y privada, utilizan aplicaciones, y son más abiertos a hablar sobre salud mental y más propensos a buscar ayuda profesional para manejar el estrés.

Podría argumentarse, además, que las generaciones más jóvenes tienen una mayor disposición para asumir riesgos mientras, que las generaciones anteriores podrían valorar más la estabilidad y tener siempre un plan B, aunque eso implique un desequilibrio entre el trabajo y la vida personal sustentado por la pérdida de oportunidades por edad.

Si entendemos resiliencia como la capacidad de adaptación frente a un agente perturbador o un estado o situación adversos. Los *boomers* son más resilientes que generaciones posteriores, quienes son más nómadas e independientes desde la infancia, aunque hayan crecido con sus vidas planificadas y sean más sofisticados tecnológicamente. Las generaciones más jóvenes caminan paralelos a la necesidad de estímulo externo donde el valor de la experiencia les ayudará a valorar la crítica y el fracaso. La combinación de perfiles y colaboración tiene su papel.

El impacto de las redes sociales según la edad también es un punto que considerar, aunque apunta a correlación y causalidad. Un estudio reciente menciona que la diferencia no está tanto en el uso que hacen los más jóvenes de las plataformas, sino en el tiempo dedicado a publicar y a visitarlas. Además, la naturaleza de la relación que se tiene con las redes sociales puede tener un mayor impacto en su salud mental que el tiempo empleado. Los estudios con adultos y su uso de las redes sociales han demostrado una relación inversa entre el tiempo de pantalla y el bienestar psicológico; a mayor utilización peor bienestar.

Implicaciones y consideraciones para un liderazgo sostenible:

Como conclusión, al ser conscientes del impacto que el abordaje de actividades estresantes genera en nuestro patrón de comportamiento y en nuestra salud física y mental, la recomendación es trabajar *a priori* desde las organizaciones fomentando el desarrollo de hábitos que ayuden y desarrollen el compromiso personal y la integración intergeneracional que multiplica el compromiso personal. En concreto, las herramientas giran en torno a cuatro acciones básicas:

- Automatizar comportamientos hasta convertirlos en hábitos saludables y con valor de prevención:
    - Deporte como hábito diario por su beneficio para desarrollar disciplina y resiliencia mental.
    - Practicar ejercicios para proteger sueño regular y de calidad.
    - Tener pautas y conocimiento de la nutrición como un aliado y proveedor de bienestar.
- Establecer mecanismos de desconexión personal y programas empresariales flexibles, adaptados a las demandas del puesto de trabajo.
- Utilizar las plataformas de salud por sus resultados prácticos: *apps* de nutrición, deporte, salud, planes, intranet corporativa, y entrenamiento entre empleados.
- Trabajar en el conocimiento de nosotros mismos: cómo reaccionamos, de qué somos capaces y estamos dispuestos a cambiar, y el cómo empezar. Además de fomentar la relación entre empleados con actividades que estimulen el arranque.

El uso de aplicaciones de bienestar y programas digitales de salud mental tiene más aceptación entre la generación Z, pero resulta necesario un trabajo conjunto entre empresas tecnológicas, profesionales de la salud mental, consumidor final no nativo digital y familias, para utilizar la tecnología de manera positiva y que sea un apoyo con impacto. Mi opinión sobre cómo mejorar aquí va en línea de conseguir alianzas y apoyo (a través de personas cercanas; empezar por alimentos que nos gustan, herramientas digitales fáciles y hábitos que motiven) vs. cuantificar los objetivos. No somos exclusivamente lo que comemos, ni el estrés es siempre negativo. Conviene recordar que cuando es moderado y estimulante favorece la concentración, la cantidad y calidad de trabajo, pero la línea de separación con una alteración no positiva es muy delgada y varía mucho según el individuo, la edad, las condiciones psicosociales y del entorno y los hábitos de prevención la manera más eficaz de empezar independiente de la generación.

14. ¡Bienvenidos a la familia! Estrategias empresariales para la integración de los nuevos modelos de familia

Beata (Bea) Makowka

People and Culture Director Iberia, Inizio Engage

1. Avanza en la celebración de la diversidad familiar

Había una vez una empresa llamada Avanza 2.0, que entendía la importancia de reconocer y valorar la diversidad de modelos de familia y la diversidad generacional como parte integral de su cultura empresarial. Esta empresa, dirigida por su comprometido CEO, don Andrés, había adoptado políticas y acciones inclusivas que se adaptaban a las necesidades de las diferentes familias y generaciones presentes en su fuerza laboral.

Don Andrés sabía que la sociedad había experimentado importantes cambios en los últimos años en lo que respecta a la estructura familiar y la composición generacional en el entorno laboral, y había decidido que su empresa debía estar a la vanguardia en términos de inclusión. En su empresa no se limitaban al modelo tradicional de padre, madre e hijos como la única forma válida de familia. Reconocían y valoraban la diversidad en todas sus formas, incluyendo familias monoparentales, familias LGBT+, familias reconstituidas, familias multiespecie y familias elegidas, entre otras.

La historia de Avanza 2.0 se convirtió en un ejemplo para otras empresas, que comenzaron a reconocer la importancia de adoptar políticas y acciones inclusivas y adaptadas a los diversos modelos de familia.

2. Familias en todas sus formas: los modelos familiares

Según la Organización Mundial de la Salud (OMS), podemos definir a la familia como el «conjunto de personas que conviven bajo el mismo techo, organizadas en roles fijos (padre, madre, hermanos, etc.) con vínculos consanguíneos o no, con un modo de existencia económico y social comunes, con sentimientos afectivos que los unen y aglutinan». El Diccionario de la Lengua Española lo define como: «grupo de personas emparentadas entre sí que viven juntas».

Desde un punto de vista antropológico, la familia se ha descrito a partir de sus funciones, en concreto el afecto y apoyo (social, económico, político, entre otros) que se deben profesar sus miembros (Cicerchia y Bestard[1])

Los tipos de familia actuales son muy diferentes a las familias de cincuenta años atrás, así como también lo eran respecto a las de cincuenta antes. La evolución del concepto y los tipos de familia ha variado progresivamente al igual que lo ha hecho la sociedad y la cultura, dando lugar a una gran diversidad.

En la tabla 14.1 se puede observar la gran diversidad de los modelos de familia que coexisten en la sociedad española. En la actualidad, 1 de cada 10 hogares es monoparental, y el 83 % de los mismos está formado por la mujer, según la Encuesta Continua de Hogares (ECH) elaborada por el INE.

Tabla 14.1 Evolución de los tipos de hogar más frecuentes en España

Tipos de hogares	2020	%	2019	%	Variación	Var. relativa
Hogar unipersonal	4 889 900	26.1	4 793 700	25.7	96 200	2.0
Pareja sin hijos que conviven en el hogar	3 913 800	20.9	3 937 200	21.1	-23 400	-0.6
Pareja con hijos que conviven en el hogar	6 208 100	33.1	6 219 000	33.4	-10 900	-0.2
Con 1 hijo	2 889 200	15.4	2 916 800	15.7	-27 600	-0.9
Con 2 hijos	2 756 700	14.7	2 751 800	14.8	4900	0.2
Con 3 o más hijos	562 200	3	550 400	3	11 800	2.1
Hogar monoparental	1 944 800	10.4	1 887 500	10.1	57 300	3.0
Núcleo familiar con otras personas	800 100	4.3	806 400	4.3	-6300	-0.8
Más de un núcleo familiar	430 500	2.3	423 600	2.3	6900	1.6
Personas que no forman núcleo familiar	567 600	3	558 200	3	9400	1.7
Total	18 754 800	100	18 625 700	100	129 100	0.7

Fuente: INE

Está en aumento el modelo de familias en las que uno de los dos progenitores tiene hijos de una relación anterior. En 2021, según el INE, hubo 86 851 divorcios, un 12.5 % más que en el año anterior. La custodia compartida se otorgó en el 43.1 % de los casos de divorcio y separación de parejas con hijos. El concepto de hermano tiene amplias derivaciones con la aparición de mediohermanos y hermanastros, es decir, aquellos hijos surgidos de otra relación.

Y también ha incrementado el número de familias extensas, es decir, aquellas formadas por varios miembros de la misma familia que conviven bajo el mismo techo, pudiendo convivir padres, hijos y abuelos, o padres, hijos y tíos, mascotas, etcétera.

Las leyes, por su parte, han evolucionado para reconocer y proteger los derechos de las parejas del mismo sexo, los padres solteros, las familias adoptivas, las familias ensambladas, entre otros modelos de familia. La legislación ha evolucionado para reflejar la realidad y necesidades de estas nuevas formas de familia. A su vez, la globalización ha traído cambios en las estructuras familiares y en los modelos de crianza. La movilidad geográfica y la migración han llevado a la creación de nuevas formas de unidad y a la necesidad de adaptar las políticas empresariales a estas nuevas realidades.

Y por supuesto la tecnología también ha influido en la diversidad de los modelos de familia. Por ejemplo, las parejas del mismo sexo pueden tener hijos mediante técnicas de reproducción asistida, y los padres solteros pueden adoptar a través de procesos legales más sencillos.

Las nuevas generaciones valoran la importancia de la familia en su vida y buscan empleadores que compartan esos valores. Consideran que la familia es un aspecto fundamental de su identidad y buscan oportunidades laborales que les permitan dedicar tiempo y atención a sus seres queridos sin tener que renunciar a su desarrollo profesional.

Además, buscan empresas que incluyan la familia como parte de su cultura empresarial. Por ejemplo, un estudio de la consultora Deloitte llamado *Millennials and the Future of Work* encontró que la generación Z considera que el equilibrio entre el trabajo y la vida personal es una de las principales prioridades en su carrera. Reconocen y valoran la diversidad en los modelos de familia y buscan un entorno laboral que sea inclusivo y respetuoso hacia la diversidad familiar, sin importar la forma en que se defina la familia. Entienden que una empresa que lo hace se preocupa por el bienestar de sus empleados y consideran que una empresa que valora y apoya a la familia es una empresa atractiva para trabajar y que les permite tener una buena calidad de vida en general.

3. Familias más allá de los lazos de sangre: familia elegida

Las nuevas generaciones están redefiniendo el concepto de familia, considerando a sus compañeros de piso como parte de su red de apoyo emocional. Según un informe de Eurostat, en España y otros países europeos, un número creciente de jóvenes opta por vivir en pisos compartidos más allá de la edad en la que antes se consideraba habitual independizarse o formar una familia. Estos grupos de convivencia se ven como una alternativa económica, pero también como un apoyo emocional. Es un fenómeno que las grandes empresas de consultoría están experimentando, ya que sus empleados no solo comparten los proyectos profesionales asignados por la empresa, sino también el hogar, los desplazamientos, los gastos y el ocio.

Este tipo de familias elegidas cobra importancia no solo por los lazos emocionales, pero también porque facilita el desarrollo de una carrera profesional, ya que vivir con compañeros de piso proporciona una red de apoyo importante que permite compartir conocimientos, consejos sobre el ámbito laboral, e incluso recomendaciones de trabajo o colaboraciones profesionales. Este modelo donde la carrera profesional y la vida personal están integradas en una comunidad, compartida, continua y sin fronteras debe ser de interés de las empresas, como un nuevo modelo de gestión del compromiso y la satisfacción de empleados[2].

4. Familias en evolución: perrijos, gatijos y la diversidad familiar del siglo XXI

España es uno de los países del mundo donde menos hijos se tienen. Las madres y padres postergan la edad de tener su primer hijo (la edad media se ha situado en los 31 años) y tienen menos (la tasa de fecundidad en España es de 1.23 hijos por mujer), algo que afecta directamente a la pirámide poblacional española, cada vez más envejecida. Con 7.6 nacimientos por cada 1000 habitantes, España ocupa el segundo puesto de los países de la Unión Europea con la tasa de natalidad más baja.

Entre los 18 y los 29 años no se suele tener hijos porque se considera que se es demasiado joven para tenerlos; de los 30 a los 34, no se tiene el nivel económico necesario para mantenerlos; de los 35 a los 39 no se encuentra la pareja para convertirse en padres y de los 40 en adelante o no se puede o ya es tarde para engendrarlos. Y a esto hay que sumar todas esas familias que no quieren tener hijos, cuyo porcentaje crece cada año.

Y, así, las llamadas nuevas generaciones, en lugar de tener hijos, muy a menudo deciden tener un perro o un gato (la mayoría adoptados), que cumplen una función afectiva muy importante y que ayuda a sus dueños a tener compañía, pues generan un sentimiento de protección y cercanía, que es lo más parecido a tener un hijo.

En la actualidad, España cuenta con más perros que niños. Según los datos de la Asociación Nacional de Fabricantes de Alimentos para Animales de Compañía (ANFAAC) hay más de 9.3 millones de canes frente a algo menos de 6.7 millones los niños menores de 15 años, según las cifras del padrón de 2021.

Desde esta perspectiva, este modelo de familia extendida y multiespecie nos lleva a reflexionar sobre la necesidad de una oferta aún más diversa para cubrir las necesidades que surgen de esta y futuras diversidades de modelos de familia. Deberíamos anticiparnos a los cambios en los modelos de familia para ganar ventaja competitiva en el mercado empresarial, haciendo que la empresa esté a la vanguardia en la promoción de la diversidad familiar.

¿Cómo podemos ayudar a los empleados que aman a sus mascotas como si fueran sus hijos? Natalia, una analista financiera de 42 años en una gran empresa de consumo, me cuenta que organiza su agenda para asegurarse de que Sasha, su perra, tenga siempre sus cuatro paseos diarios. ¿Nuestro modelo de flexibilidad contempla este escenario? ¿Cómo podemos acompañar a Natalia?

Pablo, de 34 años, es dueño de un cachorro de 5 semanas que acaba de adoptar junto a su novia, y confiesa: «tengo mucha suerte, porque a todo mi equipo le apasionan los perros y puedo traer a mi perro a la oficina». Pero la realidad es que no todos tienen la suerte de Pablo, ya que ni todas las empresas están preparadas para permitir mascotas en las oficinas, ni todos los empleados, especialmente aquellos que no comparten la misma pasión por los animales, se sienten cómodos teniendo a los perrijos o gatijos de otros en la oficia durante la jornada laboral.

¿Qué solución podemos ofrecerle a Ana, dueña de pastores alemanes, que periódicamente somete a sus mascotas a análisis de sangre y heces para tener su salud bajo control?, ¿valoraría positivamente su empresa, una gran compañía de servicios profesionales, si le ofreciera a Ana la posibilidad de tener una póliza de seguro o acceso a asistencia especializada a medida para sus mascotas más que un seguro de salud para ella y los familiares de primer grado?

5. Abrazando la diversidad de modelos de familia en el ámbito laboral

De la misma manera que abrazamos la diversidad de los empleados e impulsamos el liderazgo inclusivo, hemos de incluir a la familia en la cultura de la empresa y su diversidad actual. Con ello ayudamos a crear un ambiente de trabajo más positivo, donde cada empleado es visto como una persona en su conjunto.

En muchas empresas, se valora el trabajo en equipo como parte de la identidad de la organización. Sin embargo, esta noción de equipo debe ir más allá de la mera colaboración laboral, y reconocer que los empleados también forman parte de un equipo familiar, con roles, vínculos, sentimientos y modos de existencia económicos y sociales comunes. La familia es una parte integral de la vida de los empleados, y su diversidad debe tenerse en cuenta en las acciones y políticas que se diseñen en la empresa.

Como sugerencias para abordar lo anterior, se podría decir que el acometerlo requiere ir paso a paso:

- Empieza por sensibilizar y visualizar. Por ejemplo, BBVA[3] con el objetivo de entender mejor cada tipo de familia y sus necesidades específicas, ha creado la guía *Nuevos Modelos de Familia*, con el fin de transmitir a la organización que existen estos modelos, que también necesitan representación y que no son excepcionales. El manual recopila una serie de consejos para la gestión de este tipo de situaciones. Por ejemplo, explica que no se debe prejuzgar ni estereotipar el desempeño profesional de una persona en función de su modelo de familia, ni que un responsable deba tomar decisiones por esa persona.
- Pon a disposición de los empleados las herramientas y soluciones empezando por los beneficios de empleados, como la flexibilidad

laboral más allá de la establecida por los convenios colectivos, diferentes seguros de vida o seguros privados de salud, pasando por las soluciones de cuidado infantil como servicios en sus instalaciones o a través de acuerdos con proveedores de cuidado infantil locales.

En relación, por ejemplo, a la flexibilidad laboral, como tiempo necesario para responder a las necesidades familiares (horarios de trabajo flexibles, teletrabajo, permisos familiares, flexibilidad a la hora de configurar las vacaciones, compra de los días de vacaciones adicionales, etc.), los nuevos modelos de familia empujan a pensar en ofertas aún más variadas para cubrir las necesidades nacidas de la diversidad de modelos de familia.

¿Debemos plantearnos cómo ayudar a los empleados quienes, después de convertirse en abuelos, quieren pasar un día a la semana cuidando de sus nietos? Si mi empresa no brinda la flexibilidad en los horarios, ¿puede que esté en riesgo perder el talento *senior*? Y esto último no siempre se elige. Aproximadamente el 35 % de los abuelos en España cuida habitualmente de sus nietos, y esta responsabilidad recae con frecuencia en los mayores de 55 años y, en su mayoría, mujeres[4].

Muchas empresas hemos dado con el modelo de servicios de cuidado infantil, ya sea en las instalaciones y oficinas o a través de acuerdos con proveedores o cheques guardería. Pero ¿qué hacer, por ejemplo, al abordar la familia extendida donde la pareja se encarga del cuidado de su abuela? Este es el caso de una conocida mía, Isabel y su pareja, que tiene a cargo a su abuela, de buena salud, pero no quieren dejarla sola muchos días, cuando Isabel está en la oficina agradecería que la empresa pudiera darle facilidades del cuidado y preocupación por su familia extendida.

Otro de los beneficios que plantea revisión es el seguro de salud. Muchas empresas ofrecen como beneficio estándar el seguro de salud privado para los empleados y sus familiares directos que incluyen cobertura para médicos, hospitales y medicamentos, pero ni todas las familias lo necesitan ni todas las familias lo valoran. Además, ¿por qué no incluye familiares de tercer grado, como los abuelos?

Ya sea revisar las propuestas existentes o plantear nuevas soluciones debería hacerse desde la perspectiva de beneficios al empleado. Por ejemplo, apoyo financiero para familias monoparentales que a menudo se enfrentan a desafíos financieros y emocionales únicos. También ayudas a aquellos empleados, que deciden adoptar a un niño o niña en lugar de tener hijos biológicos, acompañándolos en el proceso de adopción que puede ser largo y costoso y que puede disuadir a las personas el considerar esta opción. Por lo tanto, los beneficios sociales deberían incluir permisos de adopción pagados para garantizar que todas las personas que deseen adoptar puedan hacerlo sin preocuparse por el tiempo de trabajo perdido. Es importante que las políticas públicas se actualicen para reflejar la diversidad de las familias modernas y garantizar que todos los miembros de la familia tengan acceso a los mismos derechos y beneficios.

- Apuesta por la formación en diversidad familiar. Capacitar a los empleados y a los líderes de la empresa en temas de diversidad familiar puede ayudar a fomentar un ambiente de trabajo inclusivo y respetuoso. Se trata de que entiendan y sepan gestionar la vulnerabilidad de algunas personas ante determinadas emergencias familiares, como los días sin escuela o las enfermedades de hijos o padres. O, también, que sepan cómo gestionar los horarios de las reuniones o a la hora de asistir a jornadas que implican pasar la noche fuera.

  Reforzar la importancia del lenguaje inclusivo en nuestra comunicación interna y externa también es importante. Evitemos asumir que todas las familias son iguales y, en su lugar, utilicemos un lenguaje que sea inclusivo y reconozca la diversidad de modelos de familia. Por ejemplo, en nuestros formularios, documentos y comunicados, podemos utilizar términos como «tutores» en lugar de «padre y madre», o «familias diversas» en lugar de «familias tradicionales».

- Fomenta el apoyo activo a través de la creación de grupos, blogs y foros de discusión. Esto puede ayudar a los empleados a conectar con otros que están en situaciones similares. Además, puede ser una forma efectiva de demostrar que la empresa se preocupa por el bienestar de sus empleados de manera holística, con sus preocupaciones y sus necesidades ligadas a sus familias.

Esto se puede hacer en una gran variedad de actividades como programas de *mentoring* y de voluntariado.

Activar una red de mentores, empleados con experiencia en la conciliación de la vida laboral y familiar diversa, o en el cuidado de dependientes mayores, para que actúen como mentores. Estos mentores podrían ser aquellos que ya han gestionado con éxito situaciones similares y pueden ser un apoyo y guía para aquellos que comienzan esta experiencia.

Invitar a los miembros de familia a participar en actividades de voluntariado o a visitar la empresa para conocer su lugar de trabajo. En el 2016, Amazon España dedicó por primera vez en sus años veinte de historia una jornada entera a explicar a los abuelos de sus empleados en qué consisten las profesiones nacidas de internet de sus nietos y descubrir qué ocurre detrás del clic o lo que sería el día a día de un *traffic manager*, un *in-stock manager*, un ingeniero de *software* o de un *e-mail specialist*. Fue la manera que encontró la empresa de acercar la tecnología a los *boomers*, pero también fue una manera novedosa de abrir a la empresa al modelo de familia extensa y esta acción o similares se pueden replicar con facilidad.

- Celebra la diversidad de modelos de familia en la empresa. Esto podemos hacerlo a través de eventos, actividades o campañas internas que promuevan la inclusión y la aceptación de todas las familias. Un buen ejemplo son las fiestas de verano, que organizan muchas empresas y a las cuales extienden la invitación a los cónyuges e hijos. ¿Por qué no extenderla a los abuelos y abuelas, compañeros de piso, mascotas? También podemos destacar historias de éxito de empleados que provengan de diferentes modelos de familia, para fomentar la aceptación y el respeto mutuo.

Las empresas que se preocupan por el bienestar de las familias de sus empleados reconocen que una cultura laboral inclusiva y familiar puede tener un impacto positivo en la satisfacción y el compromiso de los empleados, lo que a su vez puede conducir a un mejor desempeño y resultados en el negocio.

Conclusión

Celebrar la diversidad de modelos familiares y generacionales en el entorno empresarial es esencial para adaptarse a los cambios en la sociedad y a la forma en que las nuevas generaciones enfrentan su vida laboral y personal.

La diversidad e inclusión no se limitan solo a la diversidad de género, raza o religión, sino que también abarcan la diversidad de modelos familiares. Incluir, celebrar y dar la bienvenida a todas las familias, con independencia de su estructura o composición, es un paso importante hacia la construcción de una cultura empresarial inclusiva y equitativa. Así que te invito a reflexionar: ¿qué acciones puedes tomar para celebrar y valorar la diversidad de modelos familiares en tu cultura empresarial? Ya tengas un presupuesto estelar o nada en la caja, tengas un CEO avanzado o a un verdadero don Andrés, debes fomentar un ambiente de trabajo más inclusivo, respetuoso y positivo para todos los empleados.

Que la historia de Avanza 2.0 sea un ejemplo inspirador de cómo una empresa puede florecer al abrazar la diversidad en todas sus formas.

> Los resultados de la visión inclusiva de Avanza 2.0 fueron asombrosos. La empresa destacaba en su industria por su innovación y compromiso con la diversidad, lo que atraía a un talento diverso y altamente comprometido. Los empleados se sentían valorados y respetados en su trabajo, lo que se reflejaba en un alto nivel de retención de talento y en un ambiente laboral inclusivo y motivador.

Parte 5

MARCO REGULATORIO

15. El desafío de regular la convivencia intergeneracional

Raquel Flórez
Socia de Freshfields

A menudo las empresas hablan de la diversidad y la inclusión como parte de sus valores. Ello tiene que ver tanto con la importancia de disponer de plantillas diversas, que se han demostrado más eficaces, como para mostrar su compromiso con la responsabilidad social.

De entre todas las variables de diversidad, la relativa a la edad está tomando una relevancia importante dada la presencia simultánea de hasta cinco generaciones en el mercado laboral, que obliga a considerar la convivencia de personas de distintas edades como un factor crítico de competitividad. Pero ¿realmente las empresas trabajan en pro de la convivencia intergeneracional? ¿Existen normas que puedan afectar a esta convivencia? Y, de ser así, ¿en qué consisten?

Como veremos, no existe un marco normativo estructurado. En este capítulo vamos a dar pinceladas de distintos aspectos normativos que están de algún modo vinculados con la edad, centrándonos en cuestiones vinculadas al inicio, la vigencia y el final de la relación laboral.

Además, y dada la baja natalidad y el envejecimiento de la población que están determinando tanto políticas públicas como decisiones empresariales, dedicaremos espacio a la discriminación por razón de edad (edadismo) que sigue siendo una barrera significativa, a menudo silenciada y que afecta al desarrollo profesional tanto de jóvenes como de personas de edad más avanzada.

1. Derecho al trabajo sin importar la edad

Conforme al derecho español, y sujeto al principio de igualdad en el acceso al empleo y la prohibición de discriminación, la empresa puede contratar libremente a las personas que considere oportuno.

Por lo que se refiere a la edad mínima, pueden celebrar contratos de trabajo las personas mayores de 18 años y aquellas menores de 18 pero mayores de 16 emancipadas o que vivan de forma independiente con el consentimiento de sus padres o tutores. Las menores de 16 años no pueden trabajar.

Por lo que se refiere a la edad máxima para trabajar, hoy en día no existe en España límite. Lo hubo en su momento, a los 69 años, pero el Tribunal Constitucional estableció que dicho límite era discriminatorio por contradecir el derecho a trabajar establecido en el artículo 35.1 de la Constitución Española, y se eliminó en 1981. La tendencia hoy es la de retrasar lo máximo posible la edad de jubilación ordinaria por las dificultades de la Seguridad Social y por la conveniencia de mantener en activo a personas con capacidad de seguir aportando valor a la empresa y a la sociedad. La situación difiere entre el sector público, en el que existe el límite de 70 años, y el sector privado, en el que, en general, no hay límite.

Existen limitaciones para acceder a determinados puestos de trabajo una vez superada cierta edad, ligadas a los requisitos físicos de los puestos. En el caso de las Fuerzas Armadas: para acceder a la escala de Tropa y Marinería es necesario haber cumplido los 18 años y no superar los 29 años. En el caso de la Guardia Civil la edad mínima es 18 años y no pueden superarse los 40.

Esta es, en todo caso, una de las materias en las que estamos viendo una importante evolución en los últimos años. Así, la edad máxima para el ingreso en la Policía Nacional experimentó un gran cambio en 2011, cuando el Tribunal Supremo incrementó el tiempo que se podía trabajar como agente activo. Hoy, la edad mínima para acceder es de 18 años y la previsión es que en 2027 la edad de retiro se produzca a los 67[1]. Lo mismo puede decirse del cuerpo de bomberos (a salvo de ciertos límites en función del trabajo al que se opte).

Con todo, la normativa establece un marco claro respecto al inicio de la vida laboral y respecto a la posibilidad, que no obligación (excepto en casos muy limitados), de jubilarse.

2. Principio de igualdad, no discriminación

La igualdad ante la ley es el derecho a ser tratado igual en situaciones iguales, independientemente de la edad, salvo los casos señalados. La Carta de Derechos Fundamentales de la Unión Europea[2] consagra en el artículo 21.1 el principio de igualdad y no discriminación por razón de edad como derecho fundamental, principio que se concreta a través de legislación secundaria[3]. En derecho español, nuestra Constitución en su artículo 14 consagra este mismo principio, que en las relaciones laborales se concreta en el artículo 17 del Estatuto de los Trabajadores[4].

Este principio vincula tanto a los poderes públicos como al ámbito de las relaciones privadas. Abarca toda la vida laboral y todos sus aspectos (condiciones de trabajo, retribución, formación y promoción profesional, participación en organizaciones sindicales, etc.). También en el acceso al empleo, incluso en el trabajo autónomo o por cuenta propia.

La discriminación puede ser directa o indirecta. Es directa cuando la causa es la edad. Este sería, por ejemplo, el caso en un despido por razón de la edad cuando no se acreditan otras razones para ello (edadismo). Es indirecta cuando nos enfrentamos a una disposición, criterio o práctica aparentemente neutra, pero que, de hecho, ocasiona un impacto adverso o una desventaja particular sobre uno de los grupos vulnerables.

También se consideran discriminatorias la inducción, orden o instrucción de discriminar, así como las represalias o decisiones que supongan un trato desfavorable de las personas como reacción ante una reclamación destinada a exigir el cumplimiento del principio de igualdad de trato y no discriminación o para reclamar derechos laborales y también el acoso discriminatorio por edadismo.

¿Qué significa esto en la práctica? Pues que será nulo cualquier precepto, cláusula, pacto o decisión unilateral del empresario que dé lugar a situaciones de discriminación directa o indirecta desfavorables por razón de edad. La empresa, en estos casos, deberá reparar el daño causado con el abono de una indemnización por daño moral. Además, las decisiones discriminatorias por edadismo constituyen infracciones administrativas muy graves y pueden sancionarse con multas y otras sanciones accesorias.

La responsabilidad no es solo de la empresa. Esta debe actuar con su poder disciplinario frente a las personas que ejecutan conductas de acoso o discriminatorias, pueden llegar a despedirlas en casos de especial gravedad. Las normas no establecen una edad concreta que pueda servir de referencia sobre cuándo puede existir discriminación por edad. En todo caso, no es posible establecer criterios que presupongan que las personas destinatarias son o no son suficientemente mayores o suficientemente jóvenes.

Sin embargo, como ya hemos mencionado, la prohibición de discriminación por edad no es absoluta. Cabe la posibilidad de establecer criterios relativos a la edad cuando estén debidamente justificados y sean proporcionales y adecuados para el fin que se prevé. Este sería el caso en el que la edad es un requisito profesional esencial y determinante, o cuando están en juego otros derechos como la seguridad pública, la defensa del orden y la prevención de infracciones penales, la protección de la salud y la protección de los derechos y libertades de los ciudadanos.

Tenemos mucha jurisprudencia al respecto, que, además, nos muestra cómo esta cuestión evoluciona a lo largo del tiempo. Así, en una sentencia de 1999, frente a una demanda contra las bases de la convocatoria de plazas de tripulantes de cabina que exigía tener una edad entre 18 y 25 años, una estatura mínima y máxima, utilizar lentillas en caso de necesitar lentes correctoras y tener adecuada imagen, el tribunal desestimó el recurso argumentando que la exigencia de una determinada edad, así como de unas condiciones generales de estatura máxima y mínima, no podían considerarse discriminatorias porque era justificable la decisión empresarial de «tratar de rejuvenecer la plantilla de auxiliares de vuelo», por ser una actividad que requería unas condiciones psicofísicas especiales y una talla adecuada. Tampoco consideraba arbitrarios los requisitos referidos a la visión ni a la buena imagen, sobre la que el tribunal destacaba que no había factores relevantes que hicieran discriminatoria la exigencia, al tratarse de una empresa privada de servicios que operaba en régimen de libre competencia[5].

No creo que la mayor parte de este razonamiento fuera hoy sostenible, no solo en términos de edad, sino sobre el resto de las consideraciones, salvo, tal vez, la referida a la estatura en función de las dimensiones de las cabinas aéreas. Es por tanto un buen ejemplo de cómo ha cambiado la perspectiva de unos años a esta parte.

Desde hace varios años, el examen sobre los requisitos de edad es mucho más estricto. En este sentido, en una sentencia de Cataluña de 2006[6], el tribunal desestimaba un recurso contra una resolución dictada por la Generalitat de Catalunya imponiendo una sanción a una empresa por la publicación de un anuncio que establecía como requisito para un puesto de trabajo «edad entre 35-45 años», al no quedar demostrado que las funciones que iban a desempeñar no pudieran ser ejercidas por personas con edades inferiores o superiores al tramo de edad establecido en el anuncio.

Asimismo, el Tribunal Supremo ha considerado discriminatorio excluir a una mujer de un proceso selectivo de un ayuntamiento para plazas de informadora turística por tener más de 30 años, cumpliendo el resto de los requisitos[7]. En este mismo sentido, ha habido varias sentencias relativas a los requisitos de edad para ser Mosso d'Esquadra, ante los que el Tribunal Supremo en 2006 también constató que no estaban justificados.

Así pues, cabe introducir limitaciones por edad, pero no sirve cualquier justificación. Una sentencia de 2018 consideró que exigir una edad de entre 27 y 35 años para un puesto de comercial en las delegaciones de Murcia y Lorca «para atraer a clientes jóvenes» no era justificación suficiente.

En cambio, en un caso en el que una empresa alemana especializada en la asistencia y asesoramiento de personas con discapacidad buscaba asistentes personales para una estudiante de 28 años con el fin de ayudarla en su vida cotidiana, e indicaba en el anuncio «una preferencia por personas de entre 18 y 30 años», ante la demanda de una persona rechazada por superar la edad, el Tribunal de Justicia de la Unión Europea consideró razonable el requisito de que la franja de edad fuera parecida a la de la persona con discapacidad, para que esta pudiera integrarse con mayor facilidad en el entorno personal, social y universitario de ella[8].

También se considera que, en determinadas profesiones como bombero profesional, establecer un límite de edad está justificado con el objetivo de garantizar que se puedan cumplir las misiones que exigen una capacidad física especialmente exigentes durante un periodo de tiempo relativamente largo de la carrera[9]. Lo mismo ocurre para pilotos comerciales o controladores aéreos.

Sin perjuicio de entender que puede haber, en determinadas profesiones, circunstancias que puedan justificar limitaciones, cabe plantearse si sería posible obtener el mismo objetivo con medidas menos onerosas. Estoy pensando, por ejemplo, en establecerse medidas que valoren la capacidad de cada persona, sin establecer *a priori* que alcanzar cierta edad incapacita para el puesto en cuestión[10].

Frente al principio de igualdad de trato y no discriminación, nuestro ordenamiento también prevé en ciertas circunstancias la posibilidad de acciones positivas en favor de colectivos que tengan mayores dificultades con la inserción laboral, para compensar las posibles desventajas y favorecer la consecución de la igualdad material y real frente a la meramente formal. Es en este contexto en el que se enmarcan las medidas de fomento del empleo.

Desde 2006 existe un programa general de fomento de empleo con vigencia indefinida. Además, se han seguido estableciendo medidas e incentivos de carácter coyuntural y vigencia temporal. Así, se consideran colectivos prioritarios para la política de empleo aquellos con especiales dificultades para el acceso y mantenimiento del empleo y para el desarrollo de su empleabilidad, incluyendo entre estos a los jóvenes (y en particular aquellos con baja cualificación) y a los mayores de 45 años.

3. Salud y seguridad en el trabajo

La empresa tiene una obligación general de velar por la salud y la seguridad de las personas trabajadoras. Se trata fundamentalmente de una obligación de resultado que no se limita a la salud física, sino que también abarca la salud mental.

La empresa debe adoptar cuantas medidas sean necesarias para la protección de la seguridad y la salud de las personas trabajadoras, incluyendo la adopción de medidas especiales para ciertos grupos de personas. ¿De qué personas hablamos? De aquellas que, por sus propias características personales o estado biológico conocido, sean especialmente vulnerables a los riesgos derivados del trabajo.

En términos de edad, existe una regulación específica para menores de 18 años, que no pueden realizar trabajos nocturnos ni actividades respecto a las que se establezcan limitaciones legales (exposición nociva a agentes tóxicos o cancerígenos, a radiaciones, a frío y calor extremos, ruido, etc.). Sería conveniente que los planes y políticas de salud y prevención de riesgos laborales en el trabajo conllevaran medidas específicas para los distintos grupos de edad acciones formativas, directrices de seguridad en el lugar de trabajo, fomento de la participación en el diseño de los planes, condiciones para conciliar la vida laboral con la atención a los familiares dependientes...). Los planes deberían enfocarse más en las personas de mayor edad: en el fondo, llevaría a cumplir mejor con la ley, y, a la vez, podría ayudar en el objetivo de inclusión y convivencia generacional.

4. Formación

Las personas trabajadoras tienen derecho a la promoción y formación profesional en el trabajo. Es importante, de cara a combatir el edadismo, que los planes que se definan promovieran, por ejemplo, oportunidades de readaptación profesional y formación complementaria con programas de formación dirigidos a empleados mayores tendentes a favorecer su mayor empleabilidad.

Otro aspecto importante de los planes de formación que puede además incentivar la integración de personas de diferentes grupos generacionales, y que es clave para la competitividad de las empresas, es el de asegurar la transferencia de conocimientos y experiencias a las generaciones más jóvenes.

La formación no ha estado en el foco de las autoridades: sería importante cambiar ese foco, tratándose de medidas que fomentasen la convivencia intergeneracional (al ayudar a los grupos a entenderse mejor) y mejorarían la productividad.

5. Extinción de la relación laboral

Ya hemos dicho que la edad no puede ser el único criterio para decidir cuándo se extingue una relación laboral, puesto que ello sería discriminatorio y, por lo tanto, nulo. Sin embargo, es preciso hacer algunos matices en el contexto de los despidos colectivos y respecto a la jubilación.

Despidos colectivos

Los despidos colectivos son despidos provocados por razones económicas, técnicas, organizativas o de producción, que afectan a un número significativo de trabajadores, e implican llevar a cabo un procedimiento de negociación con los representantes de las personas trabajadoras, involucrándose también las autoridades laborales.

Tradicionalmente se ha considerado una buena práctica el que este tipo de extinciones afectaran fundamentalmente a los trabajadores de más edad, cercanos ya a la jubilación, ante la creencia de que resultaba menos oneroso para ellos que en el caso de una persona más joven que todavía tenía mucha carrera por delante.

La legislación en los últimos tiempos ha tratado de desincentivar los planes de prejubilación, haciéndolos más caros. Así, cuando el despido afecta a personas de 50 o más años, la empresa debe efectuar una aportación económica al Tesoro Público; respecto a las personas de 55 o más años, es preceptivo financiar un convenio especial con la Seguridad Social a efectos de que puedan jubilarse sin merma en las bases de cotización.

Sin perjuicio de lo anterior, el Tribunal Constitucional sigue considerando que el hecho de que la selección de trabajadores despedidos en un despido colectivo se haga en virtud de la edad (mayores de 55 años), es un criterio proporcionado y adecuado siempre que se adopten medidas efectivas para minimizar el perjuicio causado a los afectados[11].

Por otro lado, y en lo que es también una muestra de cómo está cambiando la percepción respecto a esta cuestión, el Tribunal Superior de Justicia de Madrid ha considerado proporcionado, razonable y no discriminatorio excluir del despido colectivo a las personas de más de 50 años por considerar que tendrían mayores dificultades de recolocación[12].

Así pues, parece que, todavía a día de hoy, los despidos colectivos pueden utilizarse como herramienta para rejuvenecer las plantillas, con el beneplácito de empresa y representantes de los trabajadores. Surge la duda de si, en realidad, esta será una práctica sostenible a futuro, y si merece la pena esa pérdida de experiencia y capital humano que aportan las personas de más edad.

Jubilación

Como ya hemos señalado, no existe una edad máxima para prestar servicios (con contadas excepciones) y la tendencia legal es la de retrasar lo máximo posible la edad de jubilación ordinaria, que actualmente se encuentra en los 67 años.

Así pues, la jubilación es un derecho y no una obligación. Es decir, el que una persona llegue a la edad de jubilación no implica la extinción automática del contrato de trabajo, ni es causa válida para extinguir la relación laboral. Al contrario, la extinción del contrato por alcanzar la edad de jubilación sería discriminatoria y, por lo tanto, nula. Eso sí, una vez que la persona decide ejercer su derecho a jubilarse, la extinción de la relación laboral se produce de manera automática.

A pesar del impulso legislativo hacia el retraso de la edad de jubilación, lo cierto es que la tasa de desempleo comienza a incrementarse a edades muy anteriores a la edad ordinaria de jubilación con el impacto que ello tiene sobre la persona, sobre la empresa y sobre el gasto de la Seguridad social. Recordemos en este sentido que se considera prioritaria, de cara a las medidas de fomento del empleo, la situación de los mayores de 45 años que ven truncadas sus opciones laborales.

La jubilación parcial permite que las personas trabajadoras por cuenta ajena en activo puedan acordar con la empresa una reducción de jornada y salario accediendo simultáneamente a la condición de pensionista, compaginando así la percepción de una pensión de jubilación con los ingresos salariales procedentes de su actividad.

La jubilación parcial puede ser diferida, cuando la persona ya ha cumplido la edad ordinaria de jubilación, o anticipada, cuando la persona no ha llegado a la edad de jubilación, lo que requiere que el empresario suscriba simultáneamente un contrato de relevo para sustituir a la persona que se jubila.

Los cambios recientes han hecho algo más flexible la jubilación parcial permitiendo compatibilizarla con el mantenimiento de alguna actividad remunerada.

La jubilación forzosa ha estado sometida a grandes vaivenes normativos desde que en los años ochenta se estableció la posibilidad de que los convenios colectivos previeran la jubilación forzosa, yendo desde su prohibición a su admisión vinculada a objetivos de política de empleo. La normativa actual entró en vigor en 2022.

En la actualidad, el convenio colectivo puede establecer la jubilación forzosa siempre que se cumplan los siguientes requisitos:

- Que sea a partir de los 68 años.
- Que la persona tenga derecho al total de la pensión de jubilación.
- Que la medida se vincule al relevo generacional, contratando de forma indefinida y a tiempo completo, al menos, a una nueva persona trabajadora[13].

Cabe además rebajar el límite de 68 años hasta la edad ordinaria de jubilación cuando la tasa de ocupación de las mujeres trabajadoras, en algunas de las actividades económicas correspondientes al ámbito funcional del convenio, sea inferior al 20 % de las personas ocupadas en las mismas, siempre que la empresa contrate, de forma simultánea, indefinida y a tiempo completo, al menos, a una mujer en la mencionada actividad[14].

Por otro lado, existe normativa que impone la jubilación forzosa de ciertos colectivos. Es el caso del límite de 65 años respecto a los pilotos dedicados al transporte aéreo comercial[15] y a los controladores aéreos. Esta situación ha sido también avalada por el Tribunal Constitucional. Existen también colectivos que tienen edades anticipadas de jubilación por desempeñar actividades penosas, tóxicas, peligrosas o insalubres (como por ejemplo mineros, trabajadores del mar, bomberos, cuerpos de seguridad, etc.).

En lo relativo a la jubilación demorada, existe un impulso legislativo de alargar la permanencia en el trabajo incluso más allá de la edad de jubilación. A tal efecto, existen medidas que tratan de incentivarla mediante el incremento de la cuantía de la pensión a través del establecimiento de un complemento económico, con la exoneración de cuotas, y a través de otras formas de jubilación, tales como la jubilación parcial, la jubilación flexible, que habilita a la persona ya jubilada a retomar una actividad profesional a tiempo parcial, compatibilizándola con un porcentaje de su pensión, o la propia jubilación activa, que permite compatibilizar la percepción de un porcentaje de la pensión de jubilación con la realización de cualquier trabajo por cuenta propia o ajena.

Conclusiones

Como vemos, no existe un marco legal estructurado que incentive o favorezca la convivencia intergeneracional más allá de evitar la discriminación por razón edad. Aunque esta no es una característica específica del derecho laboral, lo cierto es que, visto el panorama demográfico, tendría sentido regular para erradicar el edadismo igual que lo estamos siendo con relación a otras cuestiones vinculadas con la diversidad. Haría falta un marco legal que abarcara las necesidades de los diferentes grupos generacionales, que combata el edadismo y garantice el reconocimiento pleno de las personas jóvenes y de las mayores como ciudadanos con derechos, lo cual requiere una legislación que refleje sus necesidades y derechos específicos.

También es posible adoptar un enfoque distinto y, en lugar de abogar por más regulación, confiar en que las empresas se den cuenta del abanico de oportunidades que la integración de plantillas multigeneracionales supone, de manera que ellas mismas tomen las medidas necesarias para hacer de esto una realidad, y así propiciar el cambio cultural. Esto puede hacerse, por ejemplo, al incluir acciones formativas que tengan como objetivo específico la convivencia generacional, o si se incluye la gestión de equipos intergeneracionales entre los objetivos de los equipos directivos.

Hasta qué punto este cambio cultural puede llevarse a cabo sin un cambio en la regulación similar al que hemos visto en cuestiones de género o de cara al colectivo LGTB está por ver: el legislador siempre deberá estar atento ante los excesos y malas costumbres.

Justo en esa línea va esta misma obra: sugiriendo buenas prácticas que las empresas pueden poner en marcha para estar preparadas para el futuro y que, además, puedan sacar ventaja al aprovechar esta convivencia entre generaciones que cada vez será más habitual.

Epílogo
El talento en tiempos convulsos y la inteligencia artificial

Enrique Arce y Ana Matarranz

Se está configurando un futuro que merece ser visto bajo dos circunstancias. La primera de ellas tiene que ver con los tiempos convulsos que vivimos en los que los conflictos generan el movimiento de poblaciones y con ello la migración del talento. Los países enfrentados están empujando a salir a personas jóvenes que buscan nuevas oportunidades. Su país, además de empobrecerse por la guerra, va a quedar en unas condiciones en las que, por un lado, la cantidad de trabajo para recuperar el país será inmensa y, por otro, el gasto de recuperación incrementará los impuestos. Ante esta circunstancia, muchos jóvenes abandonarán sus países en busca de una vida mejor, y aquellos otros países que tengan posibilidades y actitud para acoger este talento y protegerlo son los que se van a beneficiar de ello.

La historia está llena de ejemplos de cómo el progreso ha deslocalizado el talento. El colapso de las civilizaciones de la Edad de Bronce (1000 a. C.) en el Nilo, el Indo y Mesopotamia, dieron lugar al florecimiento de la Grecia clásica y cuando esta también colapsó, propició que el Imperio romano dominara el mundo y esclavizara griegos y otros pueblos del Mediterráneo. Después de la etapa oscura de humanidad, durante los siglos VI y XIII se produjo un resurgimiento del progreso, cuyo origen estuvo en los conocimientos que se conservaban en el mundo árabe después de la caída de Roma y que terminaron por dar lugar al Renacimiento del siglo XV. También ocurrió a mediados del siglo pasado durante la Segunda Guerra Mundial, que provocó la salida de talento de Europa central, que emigró a Estados Unidos lo que dio lugar a más de una comunidad que con su saber hacer y sus innovaciones puso en vanguardia a la industria armamentística norteamericana.

También en España, la Guerra Civil dispersó el talento de figuras ilustres y de personas anónimas. De ellos se beneficiaron la ciencia, la educación y la cultura en otros países, mientras España sufría una gran pérdida intelectual.

El exilio del talento español se dirigió principalmente a varios países que ofrecieron refugio y oportunidades a intelectuales, científicos y artistas. En América Latina (destino idóneo por idioma), México fue el país que más exiliados acogió: José Gaos (1900-1969), discípulo de Ortega y Gasset y figura clave en la filosofía latinoamericana; María Zambrano (1904-1991), filósofa y escritora. También Argentina, que recibió al historiador Claudio Sánchez-Albornoz. En Europa (accesible tras la Segunda Guerra Mundial), Francia acogió a Antonio Machado.

En Estados Unidos se establecieron importantes científicos y médicos como Severo Ochoa (1905-1993), bioquímico y premio nobel de Medicina (1959) donde desarrolló sus investigaciones sobre la síntesis del ARN.

Una figura destacada y olvidada fue Rafael Lorente de Nó (1902-1990), neurocientífico y médico español, discípulo de Santiago Ramón y Cajal que realizó aportaciones al estudio del sistema nervioso en el siglo XX. Su trabajo influyó en la teoría moderna sobre las redes neuronales y en múltiples campos de la neurociencia, la medicina y la tecnología. En ciencia cognitiva e inteligencia artificial, sus descubrimientos sobre la conectividad neuronal influyeron en la creación de modelos teóricos de redes neuronales, esenciales en el desarrollo de la inteligencia artificial.

La diferencia con el pasado es que ahora el talento lo tienen más las grandes corporaciones y menos las instituciones. Es el caso de Elon Musk. Ya no son los Gobiernos, sino los consejos de administración los que dirigen el mundo por ser quienes tienen el talento y el futuro desarrollo de la inteligencia artificial. Antes se pensaba que el talento era un bien público, pero ya no lo es. El talento se ha convertido en un activo clave del que el enemigo quiere apoderarse y que, por lo tanto, hay que proteger.

La otra circunstancia es el desarrollo vertiginoso de la inteligencia artificial. A medida que las sociedades se han hecho más complejas, la diversificación del trabajo creó especialistas a los que se acudía con necesidades concretas. Pero con el paso del tiempo y gracias a la tecnología, las capacidades se han vuelto más accesibles para todos y la gente, más o menos habilidosa, puede reemplazar al especialista sin necesidad de acudir a él. El manitas en bricolaje del hogar no necesita llamar al fontanero, al electricista o el carpintero. En un plano más intelectual lo que ahora está ocurriendo con la inteligencia artificial es que las capacidades y competencias se están democratizando de manera que innovar está al alcance de todos.

Gracias a la inteligencia artificial, una persona mayor puede programar códigos sin necesidad de acudir al joven y por su parte, el joven, puede aprovechar el saber de muchos para resolver cuestiones que antes merecían consulta. A medida que las habilidades específicas, el *expertice*, se *comodotice* y todas las destrezas estén al alcance de todos, las diferencias entre los seres humanos tenderán a desaparecer y con ello la especialización de los trabajos. El trabajo podrá perder su valor filosófico de identidad y la idea de obrero versus el capital no tendrá tanto sentido. Nos queda pensar que mientras la inteligencia artificial no supere la calidad de las relaciones humanas, siempre estaremos por encima de las máquinas. La inteligencia artificial no es graciosa, es muy sosa y si el éxito deja de ser un valor tal como lo concebimos ahora, el sentido de vivir no estará en el trabajo, sino en la solidaridad, en la amistad y en la risa.

Si se igualan las destrezas y las capacidades en el mundo racional, los mayores serán muy parecidos a los jóvenes: programar códigos no será exclusivo de un joven informático talentoso, ni la experiencia será exclusiva del mayor. Por tanto, la pregunta es: ¿en qué consistirá el talento del futuro?

Los conflictos armados provocan éxodos y IA iguala las capacidades. Ambas condiciones juntas sugieren, entre otras cosas, que el valor del talento no estará en el talento en sí mismo sino en la forma de gestionarlo. Buscarlo, encontrarlo y atraerlo; también distribuirlo para facilitar que emerjan ideas de la colaboración y la cooperación Y esto tiene como condición previa la admiración de unos a otros.

La mirada del líder deberá estar a corto plazo en la innovación y la tecnología y, a largo plazo, en la sostenibilidad. El CEO no podrá sustraerse a esta situación y deberá preocuparse por el talento y de cómo hacer que gente distinta se admire. Nosotros hemos puesto el acento en la admiración entre generaciones, pero hay más.

Enrique Arce y Ana Matarranz

Autores

Alberto Iglesias

Director de RR. HH. de Prosegur en Iberia. Vicepresidente de ADiReLab. Firme defensor del diálogo social, como herramienta fundamental para mantener relaciones laborales armoniosas y productivas. Considera que el equilibrio en la interacción entre empleados y empleadores es esencial para el éxito a largo plazo de las empresas.

Ana Matarranz

Consejera y *senior advisor, board member, strategic equity partner* y ex directora general de Compensa (Howden), Willis Towers Watson. Economista y Actuaria de Seguros.
Miembro de varios consejos y consejos asesores, ha sido elegida Mujer más Inspiradora 2022 (RedEwi) y Person of the Year 2019. Women to Watch PWC. Actualmente, es *senior advisor* de Biow y Strategic Equity Partner de Accexible.

Antonio Núñez

Senior partner de Parangon Partners especializado en liderazgo y gobierno corporativo, donde se dedica al asesoramiento de consejos de administración y alta dirección, planes de sucesión de CEO y equipos directivos, *executive search* y evaluación y desarrollo de estructuras directivas a nivel nacional e internacional. Licenciado en Ciencias Económicas y Empresariales por CUNEF, MBA por el IESE Business School, máster en Public Administration por la Harvard Kennedy School of Government, doctor por la Universidad Rey Juan Carlos y miembro del Instituto de Consejeros y Administradores (ICA). Escrito, profesor, conferenciante y colaborador habitual de prensa, radio y televisión.

Beata Mokowka

Polaca de sangre, española de corazón, ha trabajado en la primera línea del liderazgo empresarial durante más de dos décadas, dirigiendo equipos en multinacionales como EY, Vodafone, Sanitas, 3M y Kimberly Clark. Reconocida entre las 100 Mejores Directoras de Recursos Humanos por Forbes en 2024, ha desarrollado un enfoque de liderazgo basado en la creación de espacios de seguridad psicológica, impulsados por la Diversidad, Inclusión y Equidad (DEI) y ESG.

Begoña Landazuri

Begoña Landazuri, profesional experta de RR. HH. Con más de 30 años de experiencia, ha desarrollado su actividad profesional en 8 empresas, 6 sectores y 4 países. Es profesora en la Universidad Europea, EOI, EAE. Ha publicado dos libros con varios autores, *Expertas en Personas* y *Evaluación de Desempeño a Examen*. Actualmente es *senior partner* en People Talent & Leadership boutique dedicada a *executive search, leadership development* y *board advisory*.

César Calleja

Socio reponsable de Consultoría y COO de PwC. Físico. Carrera dedicada al asesoramiento y transformación empresarial desde PwC y, anteriormente, en IBM y Telefónica. Profesor de universidad y escuelas de negocio.

Enrique Arce

Consultor en Retribución, Beneficios y Gestión de la Diversidad. Exdirector de Soluciones de Consultoría en Retribución y Beneficios en Compensa (Howden). Patrono de la Fundación Diversidad. Profesor universitario y en escuelas de negocio. Psicólogo, Primer nacional de Memorias de Licenciatura por su contribución al conocimiento de los factores de éxito académico.

Eva Ivars

Consejera delegada de Alain Afflelou España y Portugal, miembro del Comité Ejecutivo Global en París y directora en la ESG grupo. Consejera en el ámbito corporativo en Canon España y East West Company (Tea Shop) y en el ámbito asociativo consejera y vicepresidenta de la Cámara de Comercio Francesa y consejera de la Cámara de Comercio France-International en París. Top Voice LinkedIn.

Juan Manuel Sánchez

Director de RR.HH. con más de 25 años de experiencia en la gestión estratégica del talento, alineándolo con los objetivos de negocio de la empresa. Miembro del Comité Ejecutivo, participa en el diseño y ejecución de sucesivos planes estratégicos. Miembro del Comité de Compliance y del Comité de ESG.

Lorena Ruiz

Directora de Compensación y Beneficios Grupo Santalucia. Más de 20 años en RR.HH., en diversos mercados, Ha liderado unidades globales de Compensación y Beneficios en compañías multinacionales, mercado continuo e IBEX 35. Profesora de Política Retributiva en escuelas de negocio.

Mónica García

Mánager de Beneficios, Administración de RR.HH. y Salud Laboral. Diplomada en Relaciones Laborales y máster en Recursos Humanos. Cuenta con una trayectoria profesional de más de 20 años vinculada al sector de las telecomunicaciones. Ha colaborado como vicepresidenta de la Asociación de Usuarios de SAP en España y Mentora de la Professional Women´s Network. Actualmente es miembro de la Comisión de Igualdad y Conciliación de la CEOE, miembro de la Comisión de Empleo y Diálogo Social de CEOE y mentora en el Programa Mentoring Alumni de la Universidad Carlos III de Madrid. Profesora universitaria en escuelas de negocio, *speaker* y escritora.

Monica Zai

Directora de Personas en Heineken España. Patrona de la Fundación Cruzcampo. *Coach* y mentora. Apasionada del desarrollo de las personas, *partner* estratégico del negocio y referente en innovación de la función de RR.HH. Escritora de relatos de ficción y fantasía.

Nítida Pastor

Nítida Pastor es directora del Área Médica en Reckitt Nutrición para Europa, coordinando proyectos en Asia y LATAM. Profesora Asociada en IE Business School e Imperial College, ha mentorizado más de 50 iniciativas internacionales en *data science* y emprendimiento. Posee un MBA, doctorado en Medicina, licenciatura en Farmacia y formación en Health Economics. Colabora con organismos internacionales y consejos asesores en estrategias del sector salud. Conferenciante y autora de cuatro libros, destaca por su visión innovadora al traducir el ámbito científico al entorno empresarial.

Raquel Flórez

Socia de Laboral y codirectora de Global Markets en el despacho global Freshfields. Licenciada en Derecho en la Universidad de Salamanca, y máster de la Universidad Carlos III y del Colegio de Europa (Brujas, Bélgica). Es miembro fundador de la asociación REDI, miembro de Women in a Legal World y presidenta de la Junta Directiva de la Asociación de Alumni de la Universidad de Salamanca.

Sol Villar

Directora de Personas y Valores en Hospital San Juan de Dios del Aljarafe. Miembro de la Asociación Española de Directivos. Profesora en máster universitario y escuelas de negocio. Licenciada en Ciencias Químicas, *Coach* ejecutivo. Máster en PDD por IESE y Gestión del Talento por ESADE.

Notas

Introducción

1. Harari. Y.N. (2024) *Nexus*. Debate.

Capítulo 1

1. Deloitte University (2015) The Leadership Center for inclusion, *The Radical Transformation of Diversity and Inclusion. The Millennial Influence*, us-inclus-millennial-influence-120215.pdf.
2. Randstad (2019) *Employer brand research 2019*, informe de país: España Employer brand research | Estudio 2019 | Randstad.
3. Randstad (2019) *Employer brand research 2019*, informe de país: España Employer brand research | Estudio 2019 | Randstad.
4. Myers, K.K., & Sadaghiani, K. (2010). Millennials in the Workplace: A Communication perspective on Millennials Organizational Relationships and Performnce. *Journal of Business&Psycology*, 25 (2), pag. 225-238.
5. Gibson, W.J., Greenwood, R.A., & Murphy, E.F. (2010) Analyzing Generational Values among Managers and Non-Managers for Sustainable Organizational Effectiveness. SAM Advanced Management Journal, Winter 33-43.
6. Stein, G. (2018). *Líderes y Millennials: un meeting point de generaciones*. EUNSA, Ediciones Universidad de Navarra, Pamplona.
7. Adecco. (2025). La diversidad generacional en los equipos de trabajo *Informe La diversidad generacional en los equipos de trabajo*.
8. Adecco. (2025). La diversidad generacional en los equipos de trabajo *Informe La diversidad generacional en los equipos de trabajo*.
9. Hershatter, A. & Epstein, M. (2010). Millennials and the World of Work: An Organization and Management Perspective. *Journal of Busines&Psychology*, 25(2) 211-223.

10. Stein, G. (2018), Líderes y *millennials*: un meeting point de generaciones. EUNSA, Ediciones Universidad de Navarra, Pamplona.
11. Stein, G. (2018), Líderes y Millennials: un meeting point de generaciones. EUNSA, Ediciones Universidad de Navarra, Pamplona.
12. Adecco. (2025). La diversidad generacional en los equipos de trabajo *Informe La diversidad generacional en los equipos de trabajo.*
13. Randstad (2019) *Employer brand research 2019*, informe de país: España Employer brand research | Estudio 2019 | Randstad.
14. Stein, G. (2018) Líderes y *millennials*: un meeting point de generaciones. EUNSA, Ediciones Universidad de Navarra, Pamplona.
15. Bertojo, M. (2016): *Capital humano: revista para la integración y desarrollo de los recursos humanos*, ISSN 1130-8117, Año n.º 29, n.º 313, 2016, págs. 104-106.

Capítulo 2

1. Antonio Núñez, Elena Rodríguez y José Ramón Pin Arboledas. *La gran renuncia*. En: https://cutt.ly/KHZHx71.

Capítulo 5

1. Ana Eloísa Zúñiga. *Ni juniors, ni seniors: perennials.* (2021) Ediciones de la U. Coedición: LID Editorial.
2. Peter Diamandis (2021) *El futuro va más rápido de lo que crees*. Ed. Deusto.
3. Simon Sinek (2020) *The Infinite Game*. Empresa Activa.

Capítulo 6

1. DeepSeek.
2. *Datos de los Informes de Absentismo laboral* de Randstad Research.

Capítulo 7

1. PwC. (2924) *Encuesta Mundial de CEO-2024 Cómo salir adelante en una era de transformación permanente (pwc.es).* https://www.pwc.es/es/ceo-survey-2024.html.

Capítulo 9

1. Gratton, L. y Scott, A. (2018). *La vida de los 100 años*. Bilbao: Verssus Libros.

2. Fundación Adecco, publicado jun, 2023 270623NDP-TUEDA-DESUNTESORO.pdf (fundacionadecco.org)
3. Instituto Santalucia, publicado oct, 2022 Estudio_Talento_Senior_.pdf (institutosantalucia.es)
4. Alfonso Jiménez. (2023). *Senior advisor: una fórmula win-win de segunda carrera.* Fundación CEDE.

Capítulo 10

1. Según la International Coaching Federation (ICF) el mentor es un experto que proporciona sabiduría y guía en base a su propia experiencia. El *mentoring* puede incluir asesoramiento, consejo y *coaching*. El proceso de *coaching*, sin embargo, no comprende el asesoramiento o los consejos, enfocándose en que el individuo defina y logre los objetivos fijados.
2. Jennifer Deal. (2006). *Retiring the Generation Gap: How Employees Young and Old Can Find Common Ground* J-B CCL (Center for Creative Leadership).

Capítulo 11

1. «Preparados, listos, a crecer: Los Componentes básicos de una movilidad del talento de alto impacto.» Cornestone, Lighthouse Resarch&advisory *Informe sobre movilidad del talento 2023* en EMEA.
2. Press Releases | InterNations. Expat Insider 2021 Survey: The Future of Working Abroad
3. Caballero J.M., de Juan, A., Arribas, J y Cagigas, J. (2022) *1000 Preguntas* sobre Expatriación. Lefrebvre.
4. Hasenkamp (2021) *Estudio sobre Gestión del Talento y la Movilidad Global en un mundo cambiante.*

Capítulo 12

1. «Ambientes de Trabajo Saludables: un modelo para la acción. Para empleadores, trabajadores, autoridades normativas y profesionales.» OMS. (2010).
2. «Tendencias en gestión de recursos humanos en una empresa saludable y digitalizada.» Daniel Jaén Arenas (2019)
3. «Entornos laborables saludables. Fundamentos y Modelo de la OMS: Contextualización, prácticas». (2010).
4. Workforce report. 2020. Oxford Economics.

5. Demografía y Gestión de Recursos Humanos. Envejecimiento y edad en la gestión de la diversidad, la salud y el bienestar organizacional. Tomás Cardoso. Universitat Jaume I
6. Plan de Acción Mundial de la OMS para la Prevención y Control de las enfermedades no transmisibles 2013-2020, ampliada hasta el año 2030 por la Asamblea Mundial de la Salud en 2019.
7. OMS, «Enfermedades no transmisibles», 16 de septiembre de 2022.
8. OMS, Nota de prensa «Es necesario hacer grandes esfuerzos para reducir la ingesta de sal y salvar vidas». 9 de marzo de 2023.
9. WHA 53.17 Prevención y control de las enfermedades no transmisibles.
10. «Projected return on investment of a corporate global health programme». BMC Peik, S. Schimmel, E.& Hejazi S. (2019).
11. «Buenas prácticas para mejorar el bienestar laboral en las empresas». Ibermutuamur/Ministerio de Empleo y Seguridad Social. Plan General de actividades preventivas de la Seguridad Social.
12. Ignacio Salamanca Garay. Emilio Sagredo Lillo. *Diversidad generacional y patron de uso de las tecnologías de información y comunicación.* (2022).
13. «The happiness advantage. The seven principles of positive psychology that fuel success and performance at work. Harvard Shawn Achor (2010).

Capítulo 13

1. https://editorial.ugr.es/libro/20-plantas-saludables-para-combatir-el-estres_133866.

Capítulo 14

1. Cicerchia, Ricardo y Bestard, Joan (2006). ¡Todavía una Historia de la Familia! Encrucijadas e itinerarios en los estudios sobre las formas familiares. *Revista Latinoamericana de Ciencias Sociales, Niñez y Juventud,* 17 (1): 36-62.
2. La demanda de pisos compartidos crecerá en 2024. idealista/news.
3. BBVA reconoce y apoya la diversidad familiar de su plantilla https://www.nytimes.com/2019/07/23/well/family/when-grandparents-help-hold-it-alltogether.htm.
4. Evolución del perfil de los cuidadores de personas de 65 y más años con discapacidad en la persistencia de un modelo de cuidado familiar | *Revista Española de Geriatría y Gerontología* (elsevier.es).

Capítulo 15

1. Conforme al artículo 6 del Real Decreto 853/2022, de 11 de octubre, por el que se aprueba el Reglamento de procesos selectivos y formación de la Policía Nacional, para poder acceder a la Policía Nacional hay que tener cumplidos 18 años de edad y no exceder la edad máxima de jubilación.
2. Carta de los Derechos Fundamentales de la Unión Europea, hecha en Estrasburgo el 12 de diciembre de 2007, DOUEC de 14 de diciembre de 2007, en vigor desde el 1 de diciembre de 2009.
3. Directiva 2000/78/CE del Consejo, de 27 de noviembre de 2000, relativa al establecimiento de un marco general para la igualdad de trato en el empleo y la ocupación.
4. Real Decreto Legislativo 2/2015, de 23 de octubre, por el que se aprueba el texto refundido de la Ley del Estatuto de los Trabajadores.
5. Sentencia de la Sala de lo Social del Tribunal Supremo de 27 diciembre de 1999, rec. 1959/1999.
6. STSJ Cataluña (Contencioso) de 10 noviembre de 2006 (ECLI: ES:TSJCAT:2006:6541).
7. Auto del Tribunal Supremo, Sala de lo Social, de 16 de junio de 2020.
8. Sentencia del Tribunal de Justicia (UE) de 07 diciembre 2023, J. M. P. contra AP Assistenzprofis GmbH, C-518/22 (ECLI:EU:C:2023:956).
9. Sentencia del Tribunal de Justicia (UE) (Gran Sala) de 12 enero de 2010, en el caso 229/2008.
10. Este es el caso, por ejemplo, de la regulación en torno al carné de conducir: a partir de cierta edad, es imprescindible someterse a revisiones médicas periódicas que evalúen si la persona está en condiciones de conducir.
11. Tribunal Constitucional (Segunda), S 13-04-2015, nº 66/2015, rec. 3875/2013.
12. Sentencia del Tribunal Superior de Justicia de Madrid de 19 de junio de 2015, motivo cuarto. (ES:TSJM:2015:7946).
13. Disposición adicional 10.ª y disposición transitoria 9.ª del Estatuto de los Trabajadores.
14. Disposición adicional 10.ª y disposición transitoria 9.ª del Estatuto de los Trabajadores.
15. Reglamento CE/1178/2011, de conformidad con el Convenio de Chicago.